KB066110

저는 무역이 처음인데요

저는 무역이 처음인데요

현장에서 바로 써먹는
실전 무역

이기찬(이기찬무역연구소) 지음

중앙경제평론사

| 책머리에 |

이 책은 처음 무역에 입문하는 사람들에게 자신감을 심어주기 위해서 썼다. 무역은 학교에서 배우는 것처럼 복잡하거나 어려운 것만은 아니며 실제로 현장에서 일해보면 무역처럼 재미있고 성취감을 느낄 수 있는 일도 드물다는 것을 깨닫게 된다.

무역에 관심은 있으나 무역은 어려울 것이라는 선입견 때문에 무역에 입문하기를 주저하는 사람들은 이 책을 통해 무역업무의 전체 흐름을 이해하고 무역현장의 다양한 모습을 접함으로써 좀 더 편한 마음으로 무역에 입문할 수 있을 것이다.

기존에 출간된 무역실무 책에 나오는 용어나 절차 중에는 실제로 무역업무를 처리하는 데 필요하지 않은 부분이 많이 포함되어 있다. 대표적인 것이 운송, 보험, 통관 등인데 이런 업무는 무역업자가 직접 처리하는 것이 아니고 복합운송주선업자, 보험회사, 관세사 등이 업무를 대행해주기 때문에 무역업자로서는 기본적인 용어 몇 마디만 이해하고 해당 업체에서 요구하는 서류만 준비해서 전달해주면 된다. 굳이 무역실무 책에 나오는 복잡한 용어나 절차를 전부 이해하려고 애쓸 필요가 없다.

무역거래에서 중요한 부분을 차지하는 결제방식이나 무역계약 등과 관련해서도 기존의 무역실무 책에는 실제무역거래에서는 거의 쓰이지 않는 용어들까지 망라해서 공연히 무역이 어렵다는 선입견을 불러일으키게 한다.

물론 학교에서 무역을 전공하거나 시험을 치를 목적으로 무역실무를 배운다면 앞서 언급한 무역용어나 절차들을 빠짐없이 공부하는 것이 필요하다. 하지만 실제로 무역업무를 수행하는 데 필요한 용어나 절차를 익힐 목적이라면 관련업체에서 대행해주는 업무와 관련되거나 실제로 사용할 가능성이 희박한 용어나 절차에 연연할 필요가 없다. 그보다는 무역의 대상이 되는 아이템이나 해외거래처를 어떻게 찾아내 어떤 방식으로 계약을 체결하느냐가 더 중요한 대목이 아닐 수 없다.

이 책은 오랫동안 무역현장에서 일한 경험을 바탕으로 새로 무역에 입문하려는 초보자들이 실제로 무역거래가 이루어지는 과정을 사례를 통해 좀 더 쉽게 이해할 수 있도록 하는 데 주안점을 두고 썼다. 부디 이 책이 학문을 위한 무역실무가 아닌 그야말로 실무를 위한 무역실무를 배우고자 하는 무역 입문자들에게 많은 도움이 되기를 바란다.

이기찬

| Contents |

2장
단계별 무역업무

제1단계: 아이템 결정

제2단계: 해외거래처의 개발

제3단계: 상담과 계약

제4단계: 물건의 인도와 인수

3장
운송, 통관 및 보험업무

운송

통관

보험

4장
무역영어의 이해

무역영어의 이해

5장
수출입 실전사례

수출 실전사례

수입 실전사례

6장
초보자를 위한 어드바이스

실무에 도움이 되는 상식

1장

무역에 입문하기

왜 무역을 어려워하는가

무역이란 무엇인가?

무역이란 간단히 말해서 무언가를 외국에 팔거나 외국에서 사오는 것이다. 무역이 성립되기 위해서는 그 대상이 되는 물건과 물건을 사고파는 사람이 있어야 한다. 물건을 파는 사람을 수출자라 하고 사는 사람을 수입자라 하며, 그 대상이 되는 물건은 수출자 입장에서는 수출품이라 하고 수입자 입장에서는 수입품이라고 한다.

무역을 통해서 물건을 사고팔기 위해서는 수출자와 수입자의 이해가 맞아떨어져야 한다. 수입자는 국내에서 구할 수 없는 물건이거나 구할 수 있더라도 수출자가 제시하는 물건의 품질이나 가격이 국산품보다 경쟁력이 있을 때 수입에 나서게 되고, 수출자는 국내시장에서 팔 때보다 결제조건이 낫거나 대량 주문을 받을 수 있다는 등의 장점이 있어야만 비로소 수출에 나서게 된다. 국내에서 물건을 사고팔 때보다 나은 점이 없다면 굳이 외국과 거래를 할 필요가 없기 때문이다.

무역은 서로 다른 나라 사람끼리 물건을 사고파는 것이기 때문에 이에 상응하는 절차에 따라서 거래가 이루어진다. 결국 무역이란 서로 다른 나라에 있는 사람끼리 자기 나라에서 구할 수 없는 물건이거나 품질이나 가격 면에서 비교우위에 있는 물건을 일정한 절차에 의해서 사고파는 것이라고 정의할 수 있다.

국내거래와 무역거래는 무엇이 다른가?

무역거래는 물건이 국경을 넘어서 이동한다는 것을 제외하고는 국내거래와 특별히 다를 것이 없다. 굳이 국내거래와 차이점을 든다면 서로 다른 나라에 사는 사람들끼리 거래해야 하므로 일부 국가를 제외하고는 남의 나라 언어를 사용해야 한다는 것과 국내거래와는 약간 다른 용어를 사용한다는 점, 또한 물건이 국경을 넘어갈 때 일정한 운송 및 통관절차를 거쳐야 한다는 것 등이다.

우선 서로 다른 나라 사람들끼리 무역거래를 하기 위해서는 언어를 통일해야 하는데 대부분 거래는 영어로 이루어지기 때문에 크게 문제될 것이 없다. 일반적인 무역거래에서 사용하는 용어도 그다지 복잡할 것이 없으며 기본적인 용어를 익혀두고 특수한 상황에 사용하는 용어는 그런 상황에 처했을 때 따로 확인해도 늦지 않다.

서로 다른 국가로 물건이 이동하는 데 따른 운송 및 통관절차는 포워더와 관세사가 업무를 대행해주므로 세세한 사항을 알려고 애쓸 필요 없이 기본적인 용어 몇 마디만 익혀두어도 업무를 처리하는 데 큰 지장이 없다. 한마디로 무역거래와 국내거래의 다른 점은 조금만 노력하면 얼마든지 극복할 수 있다.

왜 무역을 어려워하는가?

이렇게 국내거래와 크게 다를 바 없는데도 불구하고 직접 무역업무에 참여하는 일부 사람들을 제외하고는 그저 막연히 '무역' 하면 상당히 복잡하고 어려운 것으로 치부하고 아예 무역에 대해 알려고 하지 않거나 남의 일이거니 하고 넘어가는 경우가 많다.

하지만 어떤 일이든 직접 해보기 전에는 상당히 어렵고 복잡할 것 같지만 막상 해보면 별것 아니듯이 무역의 경우에도 실제로 해보면 예상외로 간단하고 별로 어려울 것이 없다는 것을 깨닫게 된다. 운전을 배우기 전에는 운전하는 사람들이 대단한 기술을 가진 것처럼 보이지만 막상 자신이 운전을 배워서 차를 몰아보면 이렇게 별것 아닌 것을 왜 그렇게 어렵게 생각했던가 하고 되돌아보게 되는 것처럼 무역업무도 실제로 해보면 정말로 별것 아니구나 하는 것을 절감하게 된다.

무역을 어렵게 생각하는 주된 이유는 실제로 무역업무를 처리하는데 몰라도 되는 무역이론이나 지엽적 용어에 집착하기 때문이다. 서점에서 무역실무 책들을 뒤적거리다보면 끝도 없이 나열되어 있는 수많은 무역용어들에 질려버리는 경우가 많다. 특히 무역 초보자들로서는 그 많은 무역용어들을 익혀야 한다는 것이 상당히 부담스러울 수밖에 없다.

하지만 실제로 무역 일을 해보면 무역실무 책에 소개된 수많은 무역용어 중 극히 일부분만 알고 있어도 업무를 처리하는 데 큰 문제가 되지 않는다는 것을 깨닫게 된다. 그렇다고 기존에 나와 있는 무역실무 책의 내용이 잘못되었다거나 쓸데없는 내용을 담고 있다는 뜻은 결코 아니다. 다만 대부분의 무역실무 책들이 무역을 공부하는 학생들을 대상으로 대학교수들에 의해 쓰였기 때문에 실무를 처리하는 데 굳이 몰라도 되는 부분까지 망라되어 있어서 공연히 무역업무가 어렵거나 복잡하다는 인상을 줄 수 있다는 사실을 깨달을 필요가 있다.

예를 들어 무역실무 책의 상당부분을 차지하는 운송, 보험, 통관 등의 업무는 무역거래에서 상당히 중요한 부분이지만, 운송업무는 포워더, 보험업무는 보험회사, 통관업무는 관세사에게 일임하면 되기 때문에 기본적인 용어 몇 마디만 알아도 업무를 처리하는 데 아무런 문제가 없다. 자동차보험을 들 때 보험약관의 세세한 내용이나 용어를 몰라도 보험에 가입하고 사고처리를 하는 데 아무런 문제가 없는 것과 같은 이치다. 시험을 치기 위해서 무역실무를 공부하는 것이 아닌 한 실무에 거의 사용할 가능성이 없는 용어까지 이해하느라 애쓸 필요가 없다.

또한 무역실무 책에서 중요한 부분을 차지하는 결제방식이나 무역계약과 관련된 용어들 중에도 일반적인 무역거래를 할 때 거의 사용하지 않는 것들이 많이 포함되어 있으므로 일일이 다 이해하려고 애쓸 필요가 없다. 그보다는 자주 쓰이는 용어만 머릿속에 정리해놓고 업무를 처리하는 과정에서 모르는 용어가 나오면 그때마다 해당 용어를 확인해나가는 습관을 들이는 것이 바람직하다. 영어책을 읽기 전에 책에 나오는 모든 단어를 익힌 다음 책읽기를 시작하는 것이 아니라 책을 읽으면서 모르는 단어가 나오면 그때그때 사전에서 뜻을 확인해가면서 읽는 것과 마찬가지다.

이밖에도 무역거래와 관련한 각종 법규나 규정은 일반적인 무역거래에는 해당되지 않는 내용을 다루는 경우가 많고 지속적으로 개정되기 마련이므로 지엽적인 규정이나 절차에 매달리기보다는 대략적인 개요만 파악한 후 업무가 진행되는 시점에 자신에게 적용되는 규정이나 절차를 확인하는 것이 바람직하다.

컴퓨터와 자동차 운전과 무역

무역에 입문함에 있어 처음부터 무역실무 책에 나오는 모든 용어와 내용을 숙지할 필요가 없다는 것을 좀 더 확실하게 이해하기 위해서 컴퓨터와 자동차 운전을 무역과 비교해서 생각해보자.

우선 컴퓨터의 수많은 기능 중 실제로 활용하는 것은 사용목적에 따라 극히 일부분에 지나지 않는다는 사실에 주목할 필요가 있다. 예를 들어 워드프로그램만 사용하는 사람에게 디자인 관련 프로그램은 무용지물이듯이 무역에서도 수출만 할 사람이 복잡한 수입절차까지 완벽하게 이해하려고 애쓸 필요가 없고, 송금방식으로만 거래할 사람이 신용장을 비롯한 복잡한 결제방식의 세부 내용까지 미리 공부할 필요가 없다. 물론 무역을 하다보면 처음에 수출만 하다가도 수입을 겸하게 될 수도 있고 송금방식으로만 거래하다가 다른 결제방식을 사용해야 할 경우가 생기기도 하겠지만 그럴 때마다 새로운 분야의 지식을 쌓으면 된다.

컴퓨터의 모든 기능을 배운 다음 컴퓨터를 사용해야 한다면 컴퓨터를 사용할 엄두를 내기가 힘든 것과 마찬가지로 무역의 전반적인 사항을 숙지한 다음 무역업무에 임해야 한다면 무역에 발을 디디기가 그만큼 힘들어질 수밖에 없다.

또한 자동차 운전을 처음 시작할 때 자동차의 구조나 모든 부품의 이름과 용도에 대해서 완벽한 지식을 갖춘 상태에서 운전을 시작하는 것이 아니라는 점도 새겨둘 필요가 있다. 물론 자동차의 구조나 부품에 대해 확실한 지식을 쌓은 후 자동차 운전을 시작하는 것이 무지한 상태에서 시작하는 것보다 여러모로 나을 수는 있겠지만 대부분의 운전자들은 자동차의 구조나 부품에 대해 특별한 지식 없이도 큰 탈 없이 운전을 할 수 있다. 그뿐만 아니라 교통법규도 모든 내용을 완전하게 숙지하고 운전을 시작하는 것이 아니고 자신에게 해당되는 기본적인 법규 몇 가지만 알고 운전을 시작하는 경우가 대부분이다.

이와 같이 무역거래를 할 때도 컴퓨터나 자동차를 다룰 때와 마찬가지로 모든 것을 완벽하게 숙지한 다음 시작하는 것보다는 일단 기본적인 용어와 절차를 익히고 입문한 후 상황에 따라 필요한 지식을 보충해나가는 것이 바람직하다.

경우에 따라서는 무역업무를 처리하는 것이 컴퓨터를 사용하거나 자동차를 운전하는 것보다 훨씬 더 쉬울 수 있다. 컴퓨터나 자동차를 다루려면 최소한의 지식은 있어야 하고 남이 대신해줄 수 없지만 무역거래는 정 본인이 직접 처리하기가 힘들다면 대행업체에 맡기면 되기 때문이다.

조금만 배우면 스스로 무역을 할 수 있다!

무역의 '무' 자도 몰라도 무역을 할 수 있다!

앞서 실제로 무역업무에 필요한 용어나 절차는 그리 복잡하지 않으며 일단 기본적인 용어만 알아도 시작하는 데 별 문제가 없다고 강조하였지만 그나마 기본적인 용어조차도 모르는 사람들에게는 아직도 무역은 남의 얘기처럼 들릴 수 있다.

하지만 우리는 다양한 해외사이트를 통한 직구가 가능한 시대에 살고 있다. 해외사이트에서 주문하는 방법은 국내에서 운영하는 인터넷쇼핑몰과 별로 다를 것이 없다. 원하는 물건을 골라 쇼핑카트에 담아서 체크아웃하고 쇼핑한 내역을 확인한 후 결제정보와 배달주소를 입력하면 만사 오케이. 자신이 직접 외국에 주문한 물건을 자기 집 안방이나 사무실에서 받아볼 수 있는 편리함을 맛볼 수 있다.

서로 다른 나라에 사는 사람들끼리 물건을 사고파는 것이 무역의 정의라면 위에 언급한 대로 인터넷을 통해 외국에 있는 판매업체로부터 물건을 사는 것도 틀림없이 무역의 범주에 들어간다고 할 수 있다. 무역의 '무' 자도 몰라도 무역을 할 수 있다는 것이 결코 허언(虛言)이 아닌 것이다.

무역에 대해 거의 몰라도 본격적인 무역을 할 수 있다!

이렇듯 무역에 대해 아무것도 모르는 상태에서도 외국으로부터 직접 물건을 사는 것이 가능하지만 이것은 어디까지나 개인적인 쇼핑이지 본격적인 회사 대 회사의 거래가 아니므로 진정한 의미의 무역거래라고 보기에는 미흡하다는 지적이 있을 수 있다.

하지만 회사 차원의 본격적인 무역거래도 무역에 대한 깊은 지식이나 경험이 없이도 훌륭하게 잘할 수 있는 방법이 있다. 무역업무를 대행해주는 무역대행업체의 서비스를 이용하는 것이다. 인터넷 검색엔진의 검색창에 '무역대행' 혹은 '수출입대행'이라는 단어를 입력하면 수많은 무역대행업체의 웹사이트를 검색할 수 있다.

그들에게 외국업체와 합의한 계약 내용만 통보해주면 무역거래의 전 과정에서 필요한 업무를 대행해준다. 심지어 취급하고자 하는 아이템만 지정해주면 해당 아이템의 국내외 거래처를 개발하는 일에서 계약을 체결하고 수출입업무를 처리하는 일까지 전 과정을 대행해주는 토털서비스개념의 계약을 체결할 수도 있다. 그야말로 대행수수료만 내면 무역에 대해 아무것도 몰라도 얼마든지 회사 차원의 본격적인 무역이 가능하다. 돈만 있으면 못할 것이 없다는 자본주의의 속설이 무역에도 적용되는 것이다.

독자들의 이해를 돕기 위해 인터넷에서 '무역대행'이라는 검색어를 사용해 찾아낸 어느 무역대행업체가 자신의 웹사이트에 소개한 서비스 내역을 인용해본다.

- 수출 및 수입 시 필요한 모든 서류작성 대행
- 수출입 통관 대행
- 국내외 운송업무(해상, 항공, 내륙) 대행
- 수출입 상품 보험(적하보험) 서비스
- 대금회수(네고) 및 대금지급(신용장개설 및 전신환 송금)업무 대행
- 사후관리 서비스
- 해외시장업무 대행 서비스
- 국가별 시장조사
- 바이어 및 셀러(해외제조공장 및 무역회사)리스트 제공
- 무역컨설팅
- 수출입 관련 업무 상담
- 특수무역 대행
  - 삼각무역
  - 위탁가공무역
  - 수탁가공무역

• 중계무역

• 그 외 기타 특수무역

– 통역 · 번역 서비스

– 기타 대행

– 민원서류 및 기타 서류작성 대행 서비스

물론 상기한 바와 같이 광범위한 서비스를 이용하려면 이에 상응하는 수수료를 내야 하고 상호 신뢰에 입각한 사업상의 기밀유지 약속 등이 따라야 하겠지만 어쨌든 무역에 대한 특별한 지식이 없어도 얼마든지 본격적인 무역을 할 수 있는 것은 틀림없는 사실이다.

이밖에도 한국무역협회, KOTRA 등과 같은 무역관련기관에서 제공하는 각종 무역지원서비스를 활용하면 해외시장개척에서 무역서류작성에 이르기까지 다양한 도움을 받을 수 있다.

조금만 배우면 스스로 무역을 할 수 있다!

앞에서 살펴본 바와 같이 무역대행업체나 무역관련기관의 힘을 빌려 본격적인 무역거래를 할 수도 있지만 아무래도 본인 스스로 무역업무를 처리하는 것만큼 효율적이지는 못하다. 그럼에도 불구하고 남의 힘을 빌려 무역거래를 할 수 있는 방법을 소개한 것은 무역에 대한 지식이 없는 사람은 무역거래를 할 수 없다는 선입견을 없애기 위해서다.

이제부터 본격적으로 스스로 무역을 할 수 있는 방법을 생각해보자. 일단 무역에 대한 두려움을 없애기 위해 무역의 전 과정이 어떻게 이루어지는지부터 살펴볼 필요가 있다. 우선 무역은 물건을 파는 사람과 사는 사람의 시각에 따라 서로 반대방향으로 업무가 진행된다는 것을 유념할 필요가 있다. 즉 동일한 거래를 놓고 보더라도 물건을 파는 사람 입장에서 보면 수출이 되고 물건을 사는 사람 입장에서 보면 수입이 된다. 일반적인 무역 과정을 수출자와 수입자 시각에서 정리하면 다음과 같다.

수출자 입장에서 본 무역의 과정

제1단계 수출할 물건의 결정

제2단계 해외수입자의 개발

제3단계 해외수입자와 상담 및 계약

제4단계 수출물건의 인도

수입자 입장에서 본 무역의 과정

제1단계 수입할 물건의 결정

제2단계 해외수출자의 개발

제3단계 해외수출자와 상담 및 계약

제4단계 수입물건의 인수

위에서 언급한 4가지 단계 중 1단계와 2단계는 동시에 이루어지거나 순서가 바뀔 수도 있다. 즉 자신이 직접 특정물품을 생산하거나 특정품목의 수입판매에 관심이 있는 경우에는 당연히 위에 언급한 단계대로 업무가 진행되지만 특정한 아이템과 연고 없이 시작하는 경우에는 아이템과 상관없이 해외거래처를 잡은 후 해당 업체에서 취급하는 아이템을 수출 또는 수입할 수도 있다. 따라서 1단계와 2단계는 하나로 합쳐서 수출 또는 수입할 물건을 결정하고 해외거래처를 개발하는 단계로 보아도 무방하다.

이상에서 살펴본 무역의 단계별 과정을 자세히 보면 운송, 보험, 통관 등과 같은 중요한 업무가 하나도 포함되지 않았다는 것을 발견할 수 있다. 이것이 내가 이 책을 쓰게 된 가장 큰 동기 중 하나다. 내가 대학에서 무역실무를 배울 때도 가장 어려웠던 부분이 운송, 통관, 보험과 관련된 것이었고 이와 관련된 용어와 절차 등을 익히는 데 많은 시간을 허비해야 했다. 하지만 막상 실제로 무역업무를 해보니 이와 관련된 업무는 관련업체에서 다 알아서 처리해주기 때문에 세세한 내용을 몰라도 업무를 처리하는 데 아무런 지장이 없음을 깨닫게 되었다.

운송은 흔히 포워더(Forwarder)라고 부르는 복합운송주선업자가 일괄해서 업무를 처리해준다. 수출의 경우 상업송장(Commercial Invoice)과 포장명세서(Packing List)를 보내주고 출고지와 출고날짜를 통보해주면 포워더가 출고지에서 물건을 픽업해 트럭 혹은 컨테이너에 싣고 항구 또는 공항까지 운송해서 선박이나 항공기에 선적하기까지 전 과정을 알아서 다 처리해준다. 통관업무는 관세사가 대행해주며, 포워더와 관세사가 제휴하여 운송 및 통관업무를 일괄 처리해주기도 한다.

보험과 관련한 제반 업무도 보험회사에서 알아서 챙겨주므로 보험에 관련된 용어나 조건 등을 일일이 공부하느라 애쓸 필요 없이 보험회사에서 요구하는 서류만 제출하면 된다.

개중에는 운송, 통관 및 보험업무에 대해 충분한 지식 없이 모든 업무를 관련업체에 위임하면 바가지를 쓰거나 일이 잘못 처리되어도 알지 못하는 등 문제가 생길 수 있다는 우려를 하는 사람들이 있다. 하지만 포워더와 관세사, 보험회사의 경우 고객을 확보하기 위한 경쟁이 치열하기 때문에 고의로 고객에게 손해를 끼치는 일은 거의 없으며 정 안심이 되지 않는다면 두세 곳으로부터 복수로 견적을 받아서 서비스 내용과 가격 등을 비교해본 후 그중 한 곳을 선택하면 된다.

이상에서 설명하였듯이 운송, 보험, 통관업무에 대해서는 세세한 내용을 알 필요가 없으므로 결국 해외거래처를 개발해서 계약을 체결하는 것까지만 무리 없이 처리할 수 있다면 누구나 직접 수출 또는 수입을 할 수 있다는 결론에 도달한다. 이 부분에 대한 자세한 설명은 다음 장에서 한다.

2장

단계별 무역업무

제1단계: 아이템 결정

무역거래를 하려면 우선 그 대상이 되는 아이템을 정해야 한다. 아이템을 결정하는 것은 수출자와 수입자의 입장에 따라 달라질 수 있다. 수출자가 자체적으로 생산하는 물건이 있을 경우에는 당연히 그 물건이 무역의 대상이 되겠지만 외부 공장에서 생산되는 물건을 수출할 경우에는 공장의 생산능력, 품질, 가격경쟁력, 해외시장 개척가능성 등을 면밀히 검토하여 수출 아이템을 결정해야 한다.

수입자가 아이템을 결정할 때는 보다 세심한 검토가 필요하다. 물건의 품질이나 가격경쟁력은 물론 해당 물건의 국내 판매가능성 및 판매방식 등에 대한 구체적인 검토를 거친 후에 수입할 아이템을 결정해야 하기 때문이다.

수출 혹은 수입할 아이템을 먼저 결정하기가 어렵다면 아이템에 구애받지 않고 우리나라와 거래를 하고 싶어 하는 해외업체와 접촉해서 그들이 수입 혹은 수출하고자 하는 아이템에 대한 정보를 검토한 뒤 자신이 취급할 아이템을 정할 수도 있다.

무역거래의 대상이 될 아이템에 대한 최종적인 결정을 내리기에 앞서 해당 아이템이 무역거래에 적합한 것인지를 확인해볼 필요가 있다. 무역거래는 장거리 이동을 피할 수 없기 때문에 가격에 비해 무게가 지나치게 많이 나가거나 부피가 클 경우에는 운송료 부담 때문에 가격경쟁력이 떨어질 수밖에 없다. 또한 운송 중 파손위험이 큰 물건인 경우에는 추가로 소요되는 수출포장비를 원가계산에 반영해야 한다.

우리나라와 상대방 국가의 수출입 규정상 무역거래가 금지되거나 제한되는 아이템인지도 확인해야 하며 수입할 때는 수입관세율도 미리 확인해서 수입원가계산에 착오가 없도록 해야 한다. 우리나라의 수출입관련규정이나 수입관세율 등은 관세사에게 문의하거나 무역협회 웹사이트에서 제공하는 품목별 수출입요령에서 확인할 수 있다.

제2단계: 해외거래처의 개발

무역거래가 이루어지려면 일단 수출자와 수입자가 만나야 한다. 여기서 만난다고 하는 것은 꼭 동일한 시간과 공간에서의 만남을 뜻하는 것이 아니다. 어떤 경로를 거치든 물건을 팔 사람과 살 사람이 서로 알게 되어야만 거래가 시작될 수 있기 때문에 비록 서면상이라도 서로 존재를 확인하고 물건을 사고팔 의사를 확인해야만 상담이 시작될 수 있다. 서로 다른 나라의 무역파트너는 다음과 같은 방법으로 만날 수 있다.

인터넷을 통해 무역파트너를 찾는 방법

가장 손쉽게 해외거래처를 개발할 수 있는 공간이 인터넷이다. 특정품목을 취급하는 업체는 해외포털사이트의 검색창에 해당 품명을 입력해서 찾아낼 수도 있으나, 검색결과물이 광범위해서 자신이 원하는 업체를 효과적으로 찾을 수 없다는 문제가 있다. 좀 더 효율적으로 해외거래처를 개발하기 위해서는 인터넷상에서 수출입업체를 연결해주는 인터넷무역거래알선사이트를 활용할 필요가 있다.

무역거래알선사이트 중에는 알리바바닷컴(www.alibaba.com), 이씨21(www.ec21.com), 이씨플라자(www.ecplaza.net) 등이 가장 많이 알려져 있고 효율적으로 운영되고 있으며, 한국무역협회에서 운영하는 Trade Korea(www.tradekorea.com), KOTRA에서 운영하는 BuyKorea(www.buykorea.org), 중소벤처기업진흥공단에서 운영하는 GobizKorea(www.gobizkorea.com) 등을 통해서도 한국 상품에 관심이 있는 해외바이어를 개발할 수 있다.

인터넷 거래알선 게시판을 이용하는 업체 중에는 신설업체거나 경쟁력이 떨어지는 업체들이 다수 포함되어 있으며, 심지어 사기를 목적으로 접근하는 경우도 많으므로 조심스럽게 거래관계를 수립할 필요가 있다. 가급적 사업 초기에는 선진국업체 위주로 거래처를 개발하는 것이 거래의 위험을 줄일 수 있다.

무역디렉토리를 통해 무역파트너를 찾는 방법

무역디렉토리란 세계 각국의 제조업체 및 수출입업체들의 주소와 연락처를 정리해놓은 책자를 말한다. 국가별, 아이템별, 거래유형별(수출, 수입 등)로 다양한 디렉토리가 있으며, 당사자가 임의로 글을 올리는 인터넷거래알선사이트보다는 상대적으로 정보의 신뢰성이 높다고 볼 수 있다.

디렉토리에 소개된 업체들 중에는 이미 국내에 진출해 있거나 다른 국내업체와 관계를 맺고 있는 경우가 많으므로 가급적 다수의 업체리스트를 확보해서 접촉하는 것이 바람직하다. 한국무역협회, KOTRA, 한국수입업협회 등과 같은 무역관련기관의 자료실에서 다양한 무역디렉토리를 열람할 수 있으며, 일부 디렉토리는 인터넷을 통해서도 자료를 공개하고 있다.

디렉토리 중에서 전 세계적으로 가장 유명한 것은 KOMPASS(www.kompass.com)이며 책자는 물론 인터넷사이트를 통해서도 다양한 기업정보를 검색할 수 있다. 또한 International Pulp & Paper Directory, The directory of International Chemical Suppliers, Major Telecommunications Companies of the World 등과 같이 아이템별로 특화된 디렉토리를 통해서도 해당 분야의 유명업체에 관한 정보를 찾아볼 수 있다.

무역관련기관을 통해 무역파트너를 찾는 방법

우리나라의 무역관련기관으로는 한국무역협회, KOTRA, 대한상공회의소, 한국수입업협회 등이 있다. 이들 기관에서 운영하는 다양한 거래알선 프로그램을 활용하여 해외거래처를 개발할 수 있다. 특히 이들 기관에서 해외 유력수출입업체를 초청해서 개최하는 무역상담회를 통해 믿을 만한 해외거래처를 만나는 길이 열려 있으므로 적극적으로 활용할 필요가 있다. 구체적인 무역상담회 일정 및 참석자 명단 등은 해당 상담회를 주최하는 기관의 웹사이트에서 확인할 수 있다.

또한 외국에도 나라마다 다양한 무역관련기관이 있으므로 각국의 무역관련기관을 접촉해서 해당 국가의 제조업체나 수출입업체를 소개해달라고 요청하거나 우리나라에 주재하는 각국의 대사관을 통해서도 거래처를 물색할 수 있다.

전시회를 통해 무역파트너를 찾는 방법

가장 빠르고 확실하게 해외거래처를 잡을 수 있는 방법은 해외에서 개최되는 각종 전시회에 참가하는 것이다.

아이템에 따라 다르지만 독일을 비롯한 유럽 지역의 전문전시회나 날로 규모가 커지는 중국전시회를 겨냥하는 것이 바람직하다. 동남아시아를 비롯한 개발도상국에서 열리는 전시회는 규모가 작을뿐더러 유망업체들이 불참하는 경우가 많으며, 미국의 경우 국내시장의 규모가 워낙 커서 해외거래처보다는 국내거래처 유치에 치중하는 경우가 많다.

해외전시회와 관련된 더 자세한 자료는 글로벌전시포털(www.gep.or.kr)에서 찾아볼 수 있으며 KOTRA를 비롯한 각종 무역기관에서 제공하는 무역전시회지원제도를 활용해서 전시회 참가에 따르는 부담에서 벗어날 수 있다.

에이전트를 통해 무역파트너를 찾는 방법

소위 오퍼상이나 바잉오피스라고 불리는 외국업체의 에이전트를 통해 외국업체와 거래관계를 수립할 수 있다. 흔히 에이전트를 통해 거래하면 에이전트에게 돌아가는 수수료만큼 손해를 본다는 생각을 하기도 하지만 에이전트를 잘만 이용하면 훨씬 더 수월하게 무역파트너를 찾을 수도 있고 무역거래를 하는 동안에도 많은 도움을 받을 수 있다.

우선 국내에 에이전트가 있을 정도라면 해외업체의 신용은 크게 걱정하지 않아도 되고 거래상 문제가 생겼을 때도 에이전트를 통해 해결할 수 있을 뿐 아니라 가격네고도 수월하게 할 수 있다는 장점이 있다.

에이전트에게 돌아가는 수수료도 대부분 서양회사들은 자신들의 마진에서 주는 것을 원칙으로 하기 때문에 에이전트를 제치고 직접 거래한다고 해서 반드시 에이전트 수수료만큼을 깎아주는 것이 아님을 새겨둘 필요가 있다.

국내거래처를 찾는 방법

수입의 경우 국내에서 물건을 팔려면 해당 물건의 국내판매처를 알아야 한다. 또한 수출의 경우 자기가 직접 생산한 물건을 수출하거나 이미 공장을 확보한 경우가 아니라면 국내에서 수출품을 공급해줄 공장을 물색해야 한다. 이 경우 자신이 취급할 아이템의 국내거래처를 찾아내기 위해서는 인터넷 검색사이트의 검색창에 해당 아이템 이름을 입력해서 검색하거나 해당 물품의 관련조합이나 기관을 접촉해서 자료를 구할 수 있다.

또한 경제신문사에서 발간하는 회사연감이나 기업총람을 참고하거나 '전자정보업체총람' '자동제어계측총람' '플라스틱산업총람' 등과 같은 업종별 디렉토리를 통해서도 관련업체의 정보를 구할 수 있다.

가장 좋은 방법 하나는 주변에 있는 친구나 친척들 가운데 해당 업계에 관련이 있는 사람들을 찾아서 그들로부터 거래처를 소개받거나 거래처에 대한 정보를 입수하는 것이다. 수출의 경우 새로운 공장을 물색하기 위해서는 각종 매스컴에 소개되는 신제품에 관한 기사를 주의 깊게 살펴보는 노력이 필요하다.

제3단계: 상담과 계약

계약조건

아이템과 해외거래처가 정해지면 구체적인 상담을 통해서 다음과 같은 계약조건에 합의해야 한다.

물건의 명세(Description)

무역의 대상이 되는 물건의 명칭과 구체적인 규격, 색상, 특성 등을 포함한다. 사후 분쟁을 방지하기 위해서 가급적 상세하게 물건을 기술하고 수출자가 발행한 카탈로그가 있으면 거기에 명시된 아이템번호 등을 인용하는 것이 좋다.

물건의 양(Quantity)

100 ea, 200 tons, 300 boxes 등과 같이 주문량과 주문단위를 구체적으로 표현한다. 주문량을 결정하기에 앞서 수출자의 포장단위를 확

인해 이에 맞추어야 한다. 예를 들어 박스 한 개에 30개씩 포장되는 물건이라면 30의 배수만큼 주문해야 한다.

물건의 가격(Price)

물건의 가격을 단가(Unit Price)와 총액(Amount)으로 나눠 표시한다.

거래조건(Trade Term)

거래조건이란 물건이 목적지에 도착할 때까지 발생하는 비용과 위험을 어디까지 수출자가 부담하고 어디서부터 수입자가 부담할 것인지를 명확히 함으로써 가격산정의 기준을 삼기 위해서 정하는 조건이다. 실무에서는 국제상업회의소(International Chamber of Commerce)가 제정한 인코텀즈(Incoterms)에서 규정한 11가지의 정형거래조건이 사용된다.

포장(Packing)

물건의 특성이나 규격에 적합하며 장거리운송에 견딜 수 있도록 견고하게 포장해야 한다. 개별물건에 대한 포장을 개별포장(Individual Packing)이라 하고 일정량을 수출용 카톤박스에 포장하는 것을 수출포장(Export Packing)이라고 하며 필요시 최종수출포장에 앞서 이너박스(Inner Box)를 사용한 중간포장을 거치기도 한다.

화물의 포장박스 표면에는 선적 및 하역 작업을 원활하게 하고 다른 곳으로 잘못 운송되는 것을 방지하며 수입자가 내용물을 쉽게 확인할 수 있도록 수입자 상호, 도착항, 포장박스 일련번호, 원산지 등을 명시한 화인(Shipping Mark)을 표시해야 한다.

선적지(Shipping Port)

물건이 선적될 항구(또는 공항)를 뜻한다.

목적지(Destination)

물건이 도착할 장소를 뜻한다.

선적기일(Shipment)

선적이 허용되는 최종시한을 뜻한다.

결제방식(Payment Term)

물품대금을 결제하는 방식으로 일반적인 무역거래에서는 송금방식과 신용장방식이 주로 사용된다.

거래조건

국제상업회의소(International Chamber of Commerce)가 제정한 인코텀즈에서 규정한 11가지 정형거래조건은 다음과 같다.

EXW(공장인도조건) Ex Works의 약자로 공장이나 창고와 같은 지정된 장소에서 수출통관을 하지 않은 물품을 인도하는 조건

FOB(본선인도조건) Free On Board의 약자로 지정된 선적항에서 수입자가 지정한 선박에 물품을 적재하여 인도하는 조건

FAS(선측인도조건) Free Alongside Ship의 약자로 지정된 선적항에서 수입자가 지정한 선박의 선측에서 물품을 인도하는 조건

FCA(운송인인도조건) Free Carrier의 약자로 수출국 내의 지정된 장소에서 수입자가 지정하는 운송인에게 수출통관이 완료된 물품을 인도하는 조건

CFR(운임포함인도조건) Cost and Freight의 약자로 선적항에서 물품을 적재하여 인도하고 지정된 목적항까지의 운임을 수출자가 부담하는 조건

CIF(운임보험료포함인도조건) Cost Insurance and Freight의 약자로 선적항에서 물품을 적재하여 인도하고 지정된 목적항까지의 운임과 보험료를 수출자가 부담하는 조건

CPT(운송비지급인도조건) Carriage Paid To의 약자로 수출자가 선택

한 운송인에게 물품을 인도하고 지정된 목적지까지의 운송비를 수출자가 부담하는 조건

CIP(운송비보험료지급인도조건) Carriage and Insurance Paid To의 약자로 수출자가 선택한 운송인에게 물품을 인도하고 지정된 목적지까지의 운송비와 보험료를 수출자가 부담하는 조건

DAP(도착지인도조건) Delivered At Place의 약자로 지정된 목적지에 도착한 운송수단에서 물품을 내리지 않은 상태로 인도하는 조건

DPU(도착지양하인도조건) Delivered at Place Unloaded의 약자로 지정된 목적지에 도착한 운송수단에서 물품을 내려서 인도하는 조건

DDP(관세지급인도조건) Delivered Duty Paid의 약자로 수입통관된 물품을 지정된 목적지에 도착한 운송수단에서 내리지 않은 상태로 인도하는 조건

위에 열거한 조건 중 일반적인 무역거래의 경우 FOB나 CIF 조건이 주로 사용된다. FOB는 Free On Board의 약자로 선적항에서 물건을 실을 때까지의 비용을 가격에 포함시키는 조건이며 조건명 뒤에 선적항을 명시해서 FOB Busan과 같이 표시한다. 즉 FOB Busan이라고 하면 부산항에서 물건을 실을 때까지의 비용을 가격에 포함

시킨다는 뜻이다.

CIF는 Cost Insurance and Freight의 약자로 도착항까지의 보험료와 운송비까지를 가격에 포함시킨 조건이며 조건명 뒤에 도착항을 명시해서 CIF New York과 같이 표시한다. 즉 CIF New York이라고 하면 선적항에서 물건을 실을 때까지의 비용에다 뉴욕항까지의 운임과 보험료까지 가격에 포함시킨다는 뜻이다.

수출을 하기 위해서는 우선 11가지 정형거래조건 중 하나를 선택하여 수출가격을 산정한 뒤 수입자에게 제시해야 한다. 수입자는 수출자가 제시한 거래조건은 그대로 두고 가격을 깎아달라고 할 수도 있고 다른 조건으로 바꿔달라고 할 수도 있다. 만약 FOB Busan 조건으로 가격을 제시했는데 CIF New York 조건으로 바꿔달라고 하면 FOB Busan 조건의 가격에다 부산항에서 뉴욕항까지의 운임과 보험료를 더해서 알려주면 된다. 수입자 중에는 처음부터 자신이 원하는 거래조건으로 가격을 제시해달라고 요청하는 경우도 있다.

인코텀즈의 주요 내용과 실무에서의 적용방법 등은 이 책 말미에 부록으로 수록하였다.

결제방식

일반적인 무역거래에서는 주로 다음과 같은 결제방식이 사용된다.

송금방식(T/T, Telegraphic Transfer)

은행을 통해서 물품대금을 상대방 계좌로 송금하는 방식으로 절차가 간편하고 신속한 반면에 송금시점에 합의하기가 어렵다는 문제점이 있다. 송금방식은 다시 물건이 선적되기 전에 송금하는 사전송금방식과 물건이 도착한 후에 송금하는 사후송금방식으로 나뉘며, 사후송금방식의 경우 송금시점을 별도로 합의해야 한다.

신용장방식(L/C, Letter of Credit)

신용장이란 수입자를 대신해서 신용장개설은행에서 수출자에게 물품대금의 지급을 약속하는 증서다. 수출자는 개설은행의 약속을 믿고 물건을 선적한 후 선박회사(또는 포워더)로부터 선하증권(B/L, Bill of Lading)을 발급받아서 은행에 제출하고 수출대금을 회수하며, 수입자는 개설은행에 수입대금을 지급하고 선하증권을 전달받아서 선박회사에 제출하고 물건을 인수한다.

신용장

신용장의 종류

취소불능신용장(Irrevocable L/C) 당사자 전원의 동의가 없이는 취소가 불가능한 신용장

화환신용장(Documentary L/C) 선적서류와 상환하여 대금이 지급되는 신용장

일람불신용장(At Sight L/C) 선적서류 제시 즉시 대금이 지급되는 신용장

기한부신용장(Usance L/C) 선적서류 제시 후 일정기간 후에 대금이 지급되는 신용장

위에 언급한 신용장의 종류는 서로 대비되는 개념이 아니라 하나의 신용장에 동시에 적용되는 개념이다. 일반적인 무역거래에서는 Irrevocable Documentary At Sight(일방적으로 취소할 수 없으며 선적서류와 상환하여 즉시 대금이 지급되는 신용장) 또는 Irrevocable Documentary Usance L/C(일방적으로 취소할 수 없으며 선적서류 제시 후 일정기간 후에 대금이 지급되는 신용장)가 사용된다.

선적서류

선적서류란 수출자가 물건을 선적하고 은행 또는 수입자에게 제출하는 서류로 신용장방식에서는 신용장에서 요구하는 선적서류(Documents Required)를 은행에 제출해야만 수출대금을 지급받을 수 있다. 신용장에서 요구하는 주요 선적서류는 다음과 같다.

상업송장(Commercial Invoice) 물품의 명세, 수량, 단가 및 총금액을 표시하여 물품명세서와 대금청구서의 역할을 하는 서식으로 수출자가 발행한다.

포장명세서(Packing List) 물품의 포장명세, 무게, 부피 등과 같은 물품의 포장상태를 표시하는 서식으로 수출자가 발행한다.

선하증권(Bill of Lading) 증권에 기재된 조건에 따라 물건을 운송하여 목적항에서 증권의 소지자에게 인도할 것을 약속하는 유가증권이며 선박회사 또는 포워더가 발행한다.

항공화물운송장(AWB, Air Waybill) 화물을 인수하였음을 증명하고 동 화물을 항공으로 운송하여 운송장에 명시한 수하인에게 인도할 것을 약정하는 운송계약증서이며 항공화물운송대리점에서 발행한다.

보험증권(Insurance Policy) 증권에 기재된 조건에 따라 손해를 보상해줄 것을 약속하는 서식으로 보험회사에서 발행한다.

원산지증명서(Certificate of Origin) 물건의 원산지를 입증하기 위한 서식으로 수출국 상공회의소나 관련기관에서 발행한다.

신용장 관련용어

개설의뢰인(Applicant) 개설은행에 신용장개설을 의뢰하는 수입자

수익자(Beneficiary) 신용장에 의거해 수출을 이행하고 은행으로부터 신용장대금을 지급받는 수출자

개설은행(Issuing Bank) 수입자의 요청에 의해 신용장을 개설해주는 은행

통지은행(Advising Bank) 개설은행으로부터 신용장을 접수하여 수출자에게 통지해주는 은행

매입은행(Negotiation Bank) 수출자로부터 선적서류를 매입하고 대금을 지급해주는 은행

환어음(Draft) 수출자가 개설은행 앞으로 발행하는 지급요청서

신용장은 수입자의 요청에 따라 개설은행에서 발행하여 통지은행을 통해 수출자에게 전달되며, 수출자는 물건을 선적한 후 매입은행에 선적서류와 함께 환어음을 제출하고 대금을 수령한다.

신용장통일규칙

신용장통일규칙이란 신용장에 대한 각기 다른 해석으로 인해 발생하는 분쟁에 대비하기 위해서 국제상업회의소(International Chamber of Commerce)에서 제정한 신용장의 해석기준이다.

신용장 통일규칙은 민간단체인 국제상업회의소에서 제정한 것이므로 신용장상에 이 규칙을 신용장 해석의 기준으로 삼겠다는 문구가 기재되어야만 법적인 구속력을 갖게 된다.

수입신용장개설을 위한 조건

수입신용장을 개설하기 위해서는 우선 거래은행과 외환거래약정을 맺어야 한다. 은행에서는 신용장 개설금액만큼 지급보증을 서는 것으로 간주하여 외환거래약정 체결 시 담보나 보증을 요구하고 그에 상응하는 범위 내에서의 신용장개설 한도를 부여한다.

신용장개설 한도란 개별 신용장의 개설한도가 아니고 수입자별로 관리되는 총액개념의 한도로서 개설한도 내에서는 신용장 건수와 상관없이 개설이 가능하며 건별로 수입금액이 결제될 때마다 그 금액만큼 한도가 살아나게 된다.

그러므로 수입자로서는 처음에 개설한도를 책정할 때 충분한 한도를 부여받는 것이 좋으며 수입오더를 발주하기 전에 반드시 신용장 개설 한도가 남아 있음을 확인해두어야 한다.

① **New York Bank** 2007, Wall Street New York, USA	③ IRREVOCABLE DOCUMENTARY CREDIT	④ Credit No (Issuing Branch's No)
② Place and date of issue	⑤ Date and place of expiry	
⑥ Applicant	⑦ Beneficiary	
⑧ Advising Bank	⑨ Amount	
⑫ Partial Shipments □ allowed □ not allowed ⑬ Transshipment □ allowed □ not allowed	⑩ Credit available with ⑪ and your drafts (□ at sight / □ atdays) drawn on US for full invoice value of goods	
⑭ Shipping Port Destination ⑮ Latest date of shipment		

⑯ Documents required
- □ Invoice(s) in quadruplicate
- □ Packing list in quadruplicate
- □ Full set orignal clean "On Board" bills of lading made out to the order of New York Bank marked "Freight □ Prepaid / □ Collect" and "Notify"
- □ Original air waybill marked "for the consignor "signed by the carrier or his agent. marked "Freight □ Prepaid / □ Collect" and "Notify"
- □ Marine/ □ Air Insurance Policy or Certificate for full CIF value plus 10% covering □ Institute Cargo Clauses(A)/ □ Institute Cargo Clauses(Air), Institute War Clause(□ Cargo / □ Air Cargo) and Institute Strikes Clauses(□ Cargo / □ Air Cargo).
- □ Certificate of Origin

⑰ Description of Goods

⑱ Documents to be presented within days after the date of issuance of the shipping document(s) but within the validity of the credit

⑲ Special conditions

We hereby issue this irrevocable documentary credit in your favour which, except so far as otherwise expressly stated, is subject to uniform customs and practice for documentary credits(2007 Revision) International chamber of commerce Publication No. 600
- □ We hereby engage that payment will be duly made against presentation of documents which conform with the terms of this credit.
- □ We hereby engage that drafts drawn in conformity with the terms of this credit will be duly accepted on presentation and duly honoured at maturity.
- □ We hereby engage with drawers and/or bona fide holders that drafts drawn and negotiated in conformity with the terms of this credit will be duly honored on presentation.

so long as there has been strict compliance with all the terms and conditions(including special conditions) of this credit, save to the extent that the same have been amended in writing and signed on our behalf
Documentary evidence will be required of compliance with all Conditions of this credit
This document consists of one signed pages.
8765 7654

Important Notice To Beneficiary :
We cannot make any alterations to this credit without opener's authority. Should any of its terms or conditions be unclear or unacceptable.
the beneficiary of this credit must contract the opener directly.
We shall insist on strict compliance with all the terms and conditions of this credit unless and until they have been formally amended in writing signed on our behalf or by this credit is not entitled to rely on communications or discussions with us. the advising bank or the opener as in any way amending this credit.

Advising Bank's notification

Place, date, name and signature of the Advising Bank.

신용장개설신청서 작성요령

① 개설은행 상호 및 주소

② 신용장개설일자(개설은행에서 기재하므로 공란으로 비워둠)

③ 취소불능화환신용장

④ 신용장번호(개설은행에서 부여하므로 공란으로 비워둠)

⑤ 선적서류를 제출하는 마감시한(Expiry date) 및 장소(Place)를 기재한다.

⑥ 수입자의 상호 및 주소를 기재한다.

⑦ 수출자의 상호 및 주소, 전화번호 등을 기재한다.

⑧ 신용장을 수출자에게 통지해줄 은행의 이름 및 주소를 기재한다. 통상적으로 수출자의 거래은행을 Advising Bank로 명기한다.

⑨ 신용장금액(Amount)을 기재한다.

⑩ 보통 아무 은행에서나 네고할 수 있다는 뜻으로 ANY BANK BY

NEGOTIATION이라고 기재한다.

⑪ 환어음의 지급기일(Tenor)을 기재하는 것으로 At Sight L/C인 경우에는 at 다음에 sight라고 기재하고 Usance L/C의 경우에는 90 days after sight 혹은 90 days after B/L date 등으로 기재헌다.

⑫ 계약물량을 몇 차례에 나누어 싣는 분할선적(Partial Shipment)을 허용할 경우에는 allowed, 허용하지 않을 경우에는 not allowed에 표시한다.

⑬ 중간기착지에서 화물을 다른 배에 옮겨 싣는 환적(Transshipment)을 허용할 경우에는 allowed, 허용하지 않을 경우에는 not allowed에 표시한다.

⑭ 선적항(Shipping Port)과 목적지(Destination)를 기재한다.

⑮ 최종선적기일(Latest Date of Shipment)을 기재한다.

⑯ 신용장 개설신청서에 명기된 서류목록 중 필요한 서류명에 표시를 한다. 신청서 양식에 없는 서류가 필요할 때는 따로 명기한다.

⑰ 물품의 수량 및 명세 등을 기재한다.

⑱ 선적 후 선적서류제출기한을 기재하는 것으로 통상 7~14일 정도 잡아준다. 제출기한을 명기하지 않으면 21일 내에 제출하는 것으로 해석된다.

⑲ 추가적인 지시사항이 있을 때 기재한다.

무역계약

상담과정에서 바이어와 셀러 간에 모든 계약조건에 합의하면 합의된 내용대로 계약이 성립된다. 무역계약은 특정한 형식이나 양식을 요구하지 않는 불요식계약(不要式契約)으로써 계약서를 서면으로 작성하지 않아도 성립되지만, 업무처리의 편의를 도모하고 분쟁발생시 근거서류로 사용하기 위해서 형식에 구애받지 않고 계약서를 작성해두는 것이 좋다.

무역거래에서 누가 어떤 계약서를 발행하느냐에 대해서는 정해진 원칙이 없으나, 일반적으로 수출자가 Proforma Invoice라는 타이틀로 계약서를 작성해서 수입자에게 보내주거나, 반대로 수입자가 Purchase Order라는 타이틀의 계약서를 작성해서 수출자에게 보내주기도 하며, 이와 같은 계약서를 주고받기도 한다.

SMILE CORPORATION

① Manufacturers, Expoters & Importers

123, SAMSUNG-DONG, KANGNAM-KU, SEOUL,KOREA

TEL : (02) 555-1122 FAX : (02)555-1133

PROFORMA INVOICE

② Messrs.

③ Invoice No.

④ Date.

⑤ Description	⑥ Quantity	⑦ Unit Price	⑧ Amount
	⑨		
******************************	**************	**************	**************

⑩ Packing :

⑪ Shipping Port :

⑫ Destination :

⑬ Shipment :

⑭ Payment :

Very truly yours,

⑮ SMILE CORPORATION

거래금액이 크거나 장기간에 걸쳐 지속적인 거래로 이어질 경우에는 거래건별로 작성하는 계약서식 외에 구체적인 계약조건을 명시하여 Sales Contract, Sales Agreement, General Terms and Conditions와 같은 타이틀의 계약서를 별도로 작성한다.

Proforma Invoice 작성요령

① 수출자 상호, 주소, 전화번호, 이메일주소 등을 기재한다.

② 수입자의 상호와 주소를 기재한다.

③ Invoice 번호를 기재한다.

④ Invoice 발행일을 기재한다.

⑤ 물품의 명세(Description)를 기재한다.

⑥ 물품의 수량(Quantity)을 기재한다.

⑦ 물품의 단가(Unit price)를 기재한다.

⑧ 물품의 총액(Amount)을 기재한다.

⑨ 거래조건을 FOB Busan, CIF New York 등과 같이 기재한다.

⑩ 포장방식이나 내역 등을 표시하며 특별한 사항이 없을 때는 Export standard라고 기재한다.

⑪ 선적항을 기재한다.

⑫ 도착지를 기재한다.

⑬ 선적기한을 Within one month after receipt of L/C 등과 같이 기재한다.

⑭ 결제방식을 일람불취소불능신용장에 의한 거래일 때는 'By an irrevocable L/C at sight in favor of 수출자명'으로 기재하고 송금방식의 거래일 때는 'By T/T to 수출자의 거래은행명, 계좌번호(Account No.), 계좌명(Account Name)'의 순으로 기재한다.

제4단계: 물건의 인도와 인수

모든 업무는 포워더와 관세사가 대행해준다!

계약이 체결되면 수출자는 계약조건에 일치하는 물건을 직접 생산하거나 다른 업체로부터 구입하는 등의 방식으로 물건을 확보하고 상업송장(Commercial Invoice)과 포장명세서(Packing List)를 작성해서 포워더에게 제출한다.

포워더는 수출자가 지정한 장소에서 물건을 픽업해 선적지로 이동시키는 한편 제휴한 관세사로 하여금 수출통관절차를 밟아줄 것을 의뢰한다. 포워더는 수출통관절차를 마친 물건을 선박회사나 항공사에 인도하여 물건이 선적되도록 하고 해상운송인 경우에는 선하증권, 항공운송인 경우에는 항공화물운송장을 발급받아서 수출자에게 전해준다.

한편 수입자는 상업송장, 포장명세서 등과 같은 수입통관에 필요한 서류와 비용을 포워더를 통하거나 또는 직접 관세사에게 보낸다. 물건이 수입국에 도착하면 관세사가 통관절차를 밟아주고 통관절차를 마친 물건은 포워더가 수입자가 지정한 장소까지 운송해준다.

이상에서 살펴보았듯이 물건의 인도, 인수와 관련된 모든 업무는 포워더와 관세사가 알아서 해주므로 무역거래당사자로서는 포워더와 관세사가 요구하는 서류만 잘 챙겨주면 된다.

선적서류 작성방법

일반적인 무역거래에서 필수적으로 준비해야 하는 선적서류로는 상업송장(Commercial Invoice), 포장명세서(Packing List), 선하증권(Bill of Lading) 또는 항공화물운송장(Air Waybill)이 있으며, 거래조건에 따라 보험증권(Insurance Policy)이 추가되기도 한다. 또한 수입국가나 아이템에 따라 원산지증명서(Certificate of Origin)를 비롯한 각종 증명서(Certificate)를 요구하기도 한다. 이들 서류 중 수출자가 직접 작성해야 하는 서류는 상업송장과 포장명세서인데 이 서류의 작성방법은 다음과 같다.

Commercial Invoice 작성요령

① Shipper/Exporter: 수출자의 상호 및 주소를 기재한다.

② Buyer/Applicant: 수입자의 상호 및 주소를 기재한다.

COMMERCIAL INVOICE

① Shipper/Exporter		⑧ No. & date of invoice
		⑨ No. & date of L/C
② Buyer/Applicant		⑩ L/C issuing bank
③ Notify party		⑪ Remarks
④ Port of loading	⑤ Final destination	
⑥ Carrier	⑦ Sailing on or about	

⑫ Marks and number of pkgs	⑬ Description of goods	⑭ Quantity	⑮ Unit price	⑯ Amount

Signed by ______________________

③ Notify party: 물품이 수입국에 도착했을 때 선박회사로부터 연락받을 통지처를 일컬으며 주로 수입자의 상호 및 주소를 기재한다.

④ Port of loading: 선적항을 기재한다.

⑤ Final destination: 최종목적지를 기재한다.

⑥ Carrier: 선박명을 기재한다.

⑦ Sailing on or about: 예상출항일을 기재한다.

⑧ No. & date of invoice: Invoice No.와 Date를 기재한다. Invoice No.는 임의로 기재하고 Date는 Invoice를 발행하는 날짜를 기재한다.

⑨ No. & date of L/C: L/C 번호 및 개설일자를 기재한다.

⑩ L/C issuing bank: L/C 개설은행명을 기재한다.

⑪ Remarks: 비고란으로 원산지 등을 기재한다.

⑫ Marks and number of pkgs: Shipping Mark를 표시한다.

⑬ Description of goods: 물품명세를 기재한다.

⑭ Quantity: 물품의 수량 및 단위를 기재한다.

⑮ Unit price: 물품의 단가를 기재한다.

⑯ Amount: 물품의 수량에 단가를 곱한 총금액을 기재한다.

Unit price와 Amount난에는 가격과 함께 FOB Busan, CIF New York 등과 같은 거래조건을 반드시 표시해야 한다.

PACKING LIST

① Shipper/Exporter		⑧ No. & date of invoice
② Buyer/Applicant		⑨ Remarks
③ Notify party		
④ Port of loading	⑤ Final destination	
⑥ Carrier	⑦ Sailing on or about	

⑩ Marks and no. of pkgs	⑪ Description of goods	⑫ Quantity	⑬ Net weight	⑭ Gross weight	⑮ Measurement

Signed by ____________________

Packing List 작성요령

① Shipper/Exporter: 수출자의 상호 및 주소를 기재한다.

② Buyer/Applicant: 수입자의 상호 및 주소를 기재한다.

③ Notify party: 물품이 수입국에 도착했을 때 선박회사로부터 연락받을 통지처를 일컬으며 주로 수입자의 상호 및 주소를 기재한다.

④ Port of loading: 선적항을 기재한다.

⑤ Final destination: 최종목적지를 기재한다.

⑥ Carrier: 선박명을 기재한다.

⑦ Sailing on or about: 예상출항일을 기재한다.

⑧ No. & date of invoice: Invoice No.와 Date를 기재한다. Invoice No.는 임의로 기재하고 Date는 Invoice를 발행하는 날짜를 기재한다.

⑨ Remarks: 비고란으로 원산지 등을 기재한다.

⑩ Marks and No. of pkgs: 수출포장박스에 표시한 Shipping Mark를 표기한다.

⑪ Description of goods: 물품명세 및 포장박스별 물품내역을 기재한다.

⑫ Quantity: 수량을 기재한다.

⑬ Net weight: 물품만의 순중량을 기재한다.

⑭ Gross weight: 물품의 순중량에 포장재의 중량을 합한 총중량을 기재한다.

⑮ Measurement: 물품의 부피를 기재한다.

위에 소개한 Commercial Invoice와 Packing List 양식은 정해진 것이 아니며, 수입국의 통관규정에 따라 특별한 양식이나 기재사항을 요구하는 경우를 제외하고는 수출자가 임의로 양식을 만들어 쓸 수 있다.

3장

운송, 통관 및 보험업무

무역거래당사자가 직접 처리해야 할 일은 거래할 물건과 거래할 상대방을 찾아내 구체적인 거래조건에 합의하고 계약을 체결하는 것이다. 일단 계약이 이루어진 물건에 대한 운송, 통관, 보험 등에 관한 업무는 일정한 룰에 의해 진행되는 단순한 절차에 불과하고 포워더, 관세사, 보험회사가 모든 업무를 대행해주기 때문에 세세한 내용을 몰라도 무역업무를 처리하는 데 크게 문제될 것이 없다. 그런데도 불구하고 무역실무 책에는 이 부분에 대한 설명이 상당부분을 차지해서 마치 이 부분이 무역업무를 처리하는 데 중요한 부분인 것 같은 착각을 불러일으키기도 한다.

물론 자신이 직접 처리하지 않는 업무에 대해서도 자세한 내용을 알아서 나쁠 것은 없지만 시험을 목적으로 무역을 공부하지 않는 한 구태여 자신이 직접 처리하지도 않을 일까지 배우느라 시간을 허비할 필요는 없다. 자동차를 구입할 때 원하는 모델을 정하고 가격을 흥정해서 계약을 체결하고 자동차를 인도받아서 운전을 하기만 하면 되는 것과 같은 이치다. 자동차가 공장에서 출고되어 자신에게 인도될 때까지의 과정을 알 필요도 없고 영업소에서 대행해주는 자동차등록이나 세금납부 등에 관해서도 굳이 알 필요가 없으며 자동차보험에 가입할 때 세세한 보험약관이나 조건에 대해 잘 몰라도 보험료만 납부하면 보험처리를 받는 데 지장이 없다.

운송업무를 처리해주는 포워더는 인터넷검색엔진에서 '복합운송'을 검색어로 사용해서 찾을 수 있고 통관업무를 대행해주는 관세사와 보험업무를 대행해주는 보험회사는 각각 '관세사'와 '적하보험'을 검색어로 사용해서 찾아낼 수 있다. 이와 같이 운송, 보험, 통관업무는 자신이 직접 처리하는 것이 아니기 때문에 구체적인 내용까지 완벽하게 이해할 필요는 없지만 관련업체와 원활히 의사소통을 하기 위해서 알아두어야 할 기본적인 업무지식과 관련 용어는 다음과 같다.

운송

운송 관련 기본상식

무역거래에서 운송이 차지하는 비중은 결코 무시할 수 없다. 국내거래는 이동거리가 짧기 때문에 판매가격에서 운송비가 차지하는 비중이 크지 않지만 서로 다른 국가 간에 장거리 운송을 해야 하는 무역거래에서는 수출가격에서 운송비가 차지하는 비중이 커질 수밖에 없다.

국가 간의 운송은 주로 선박이나 항공기를 이용하는데 고가품이거나 시급을 요하는 경우를 제외하고는 대부분 해상운송을 이용하게 된다. 해상운송의 경우 일부 원자재나 대형장비 등을 제외한 대부분의 일반상품은 컨테이너에 적재되어 운송되는데 한 건의 오더만으로 컨테이너를 채우는 경우는 FCL(Full Container Load)이라고 하고 독자적으로 컨테이너를 채울 수 없는 경우는 LCL(Less than Container Load)이라고 한다. 컨테이너는 다시 용량에 따라 40ft와 20ft 컨테이너로 구분된다.

한편 출고지에서 선적항까지 운반하는 것은 로컬운송 혹은 내륙운송이라고 하며 FCL 화물의 경우에는 출고지에서 컨테이너에 직접 적재하여 운송하고 LCL 화물의 경우에는 트럭 등을 이용해서 선적항까지 운송한 후 컨테이너에 적재한다.

운임은 해상운송의 경우에는 부피, 항공운송의 경우에는 무게를 기준으로 책정되나 부피에 비해 무게가 지나치게 많이 나가거나 무게에 비해 부피가 지나치게 클 경우에는 많이 나가는 것을 기준으로 삼기도 한다. 위험물질 등과 같은 특수화물의 경우에는 별도의 할증료가 부과되기도 한다. 해상운송의 경우에는 FCL 화물이 LCL 화물보다 상대적으로 유리한 운임이 적용되고 같은 FCL의 경우에도 40ft 컨테이너 운임이 20ft 컨테이너 운임보다 부피당 비용이 상대적으로 저렴하다.

운임산정을 위한 부피의 단위는 보통 CBM(Cubic Meter)이 사용되며 1CBM은 가로, 세로, 높이가 각각 1미터씩인 경우를 말한다.

선하증권

선하증권(Bill of Lading)이란 선박회사나 포워더가 발행하는 유가증권으로 선박에 적재된 화물의 명세 및 포장, 수하인 등을 명시한 서류다. 수출자는 선적이 완료된 후 선하증권을 발급받아 수출대금을 청구하고 수입자는 수출자 혹은 은행을 통해 선하증권 원본을 입수하여 선박회사에 제출하고 화물을 인도받게 되므로 무역거래에서 가장

Bill of Lading

① Shipper/Exporter	⑪ B/L No. ;
② Consignee	
③ Notify Party	

Pre-Carriage by	⑥ Place of Receipt	
④ Ocean Vessel	⑦ Voyage No.	⑫ Flag

⑤ Port of Loading ⑧ Port of Discharge ⑨ Place of Delivery ⑩ Final Destination(For the Merchant Ref.)

⑬ Container No. ⑭ Seal No. Marks & No.	⑮ No. & Kinds of Containers or Packages	⑯ Description of Goods	⑰ Gross Weight	⑱ Measurement

⑲ Freight and Charges	⑳ Revenue tons	㉑ Rate	㉒ Per	㉓ Prepaid	㉔ Collect

㉕ Freight prepaid at	㉖ Freight payable at	㉘ Place and Date of Issue Signature
Total prepaid in	㉗ No. of original B/L	
㉙ Laden on board vessel Signature		㉚ HONEST Shipping Co. Ltd. as agent for a carrier, RICH Liner Ltd.

중요한 서류 중 하나다.

선하증권 작성요령

① Shipper(송하인): Shipper의 상호와 주소를 기재한다.

② Consignee(수하인): 물건을 받을 수취인을 뜻하며, 결제방식이 송금방식일 때는 수입자의 상호 및 주소를 기재하고, 신용장방식일 때는 신용장의 Documents Required항에 명시된 대로 'to order of 개설은행' 등과 같이 기재한다.

③ Notify Party(통지인): 물품이 수입국에 도착했을 때 선박회사로부터 연락받을 통지처를 일컬으며 주로 수입자의 상호 및 주소를 기재한다.

④ Ocean Vessel: 선박명을 기재한다.

⑤ Port of Loading: 선적항 및 국명을 기재한다.

⑥ Place of Receipt: 운송인이 송하인으로부터 화물을 수취하는 장소를 기재한다.

⑦ Voyage No.: 항차번호를 기재한다.

⑧ Port of Discharge: 양륙항 및 국명을 기재한다.

⑨ Place of Delivery: 운송인이 수하인에게 화물을 인도하는 장소를 기재한다.

⑩ Final Destination: 복합운송의 경우 최종목적지를 기재한다.

⑪ B/L No.: 선하증권번호를 기재한다.

⑫ Flag: 선박의 등록국적을 기재한다.

⑬ Container No.: Container No.를 기재한다.

⑭ Seal No.: 컨테이너에 봉인한 Seal No.를 기재한다.

⑮ No. & Kinds of Containers or Packages: 컨테이너 개수나 포장 개수를 기재한다.

⑯ Description of Goods: 상품명 및 수량을 기재한다.

⑰ Gross Weight: 총중량을 기재한다.

⑱ Measurement: 부피를 기재한다.

⑲ Freight and Charges: 운임 및 비용을 기재한다.

⑳ Revenue tons: 중량과 용적 중에서 운임이 높게 계산되는 것을 택하여 기재한다.

㉑ Rate: Revenue ton당의 운임단가 및 부대비용 등을 기재한다.

㉒ Per: 중량단위 또는 용적단위를 기재하고 Full Container는 Van 단위로 기재한다.

㉓, ㉔ Prepaid Collect: 거래조건에 따라 해당란에 운임을 기재한다. 예를 들어 CIF 조건일 경우에는 Prepaid난에 운임을 기재하고 FOB 조건일 경우에는 Collect난에 기재한다.

㉕ Freight prepaid at: CIF와 같이 운임선불조건인 경우의 운임이 지불되는 장소를 기재한다.

㉖ Freight payable at: FOB와 같이 운임이 수하인 부담인 경우에 운임이 지불되는 장소를 기재한다.

㉗ No. of Original B/L: Original B/L의 발행통수를 기재한다.

㉘ Place and Date of Issue: 선하증권 발행장소와 발행일자를 기재한다.

㉙ Laden on board vessel: 선적일자를 기재한다.

㉚ Carrier Name: B/L 발행권자의 서명을 표시한다.

기타 운송 관련 용어

분할 선적(Partial Shipment) 계약된 물건을 한번에 선적하지 않고 2회 이상 분할하여 선적하는 것

환적(Transhipment) 물건이 선적항에서 도착항까지 같은 선박으로 운송되지 않고 중간기착지에서 다른 선박에 옮겨 실어져서 운송되는 것

수하인(Consignee) B/L에 명시된 화물의 수취인

통지인(Notify Party) 물건이 수입국에 도착했을 때 선박회사에서 물건을 찾아가라고 연락해주는 대상

화인(Shipping Mark) 화물의 포장박스에 일정한 표시를 하는 것으로서 주로 수입자의 상호약어, 도착항, 포장일련번호, 원산지 등을 표시한다.

통관

통관 관련 기본상식

무역거래는 국내거래와 달리 서로 다른 경제체제를 가진 국가로 상품이 이동하는 것이기 때문에 각각 물건의 수출국에서 물건을 내보내기 전에 거쳐야 하는 수출통관과 물건을 수입하는 나라에서 실시하는 수입통관의 두 가지 절차를 거쳐야 한다. 두 가지 모두 관세사가 업무를 대행해준다.

통관은 해당 품목의 HSK Code에 입각해서 이루어진다. HS란 Harmonized Commodity Description and Coding System의 약자로 신국제통일상품 분류방식이라고 부르며 무역통계 및 관세부과의 기준을 삼기 위해 관세협력이사회가 제정한 국제적인 통일상품분류체계를 뜻한다. HS Code는 국제적으로 동일한 6단위의 숫자와 각 나라별로 추가로 부여한 숫자를 합하여 사용하며 우리나라에서는 4단위의 숫자를 추가하여 총 10자리의 숫자로 이루어진 HSK Code를 사용하고 있다. 아이템별 HSK Code는 관세청사이트(www.customs.go.kr)에서 확인할 수 있다.

통관 관련 용어

관세(Customs Duty) 수입물품에 대해 과세하는 세금

HS(Harmonized System) 무역서류와 통계자료의 통일성을 기하고자 관세협력이사회가 제정한 국제적인 통일상품분류체계

HSK(The Harmonized System of Korea) HS를 우리나라의 실정에 맞게 보완한 것으로 수출입화물을 10자리 숫자로 분류함

수출신고(Export Declaration) 외국에 수출하는 물건의 명세와 거래조건 등을 세관장에게 서면으로 신고하는 것

수입신고(Import Declaration) 외국으로부터 수입하는 물건의 명세와 거래조건 등을 세관장에게 서면으로 신고하는 것

수출신고필증 세관장이 수출자에게 수출이 허가되었음을 증명해주는 서류

수입신고필증 세관장이 수입자에게 수입이 허가되었음을 증명해주는 서류

보세구역(Bonded Area) 수출신고를 마친 수출품이나 수입신고를 하기 전의 수입품을 보관하는 장소

보세운송(Bonded Transportation) 수출신고를 마친 수출품이나 수입신고를 하기 전의 수입품을 운송하는 것

수입 관련 세금

수입물품에 부과되는 세금으로는 관세, 개별소비세, 교통세, 주세, 교육세 및 부가가치세가 있으며 이 중 개별소비세는 보석이나 골프용품 등과 같은 사치품에만 부과되고 교통세는 휘발유와 같은 유류, 주세는 위스키와 같은 주류에만 부과되며 교육세는 개별소비세 및 주세가 부과되는 물품에만 적용된다. 따라서 일반 아이템의 경우에는 관세와 부가세만 납부하면 된다.

부가가치세는 국내물품과 마찬가지로 10% 고정세율이 적용되며 관세는 HSK 코드 분류에 따라 아이템별로 각기 다른 세율이 적용된다. 아이템별 관세율은 언제라도 변경될 수 있으므로 수입거래를 시작하기 전 자신이 취급하고자 하는 아이템에 대해 현재 적용되는 정

확한 관세율을 확인해두는 것이 좋다.

아이템별 관세율은 무역협회사이트(www.kita.net)에서 제공하는 품목별수출입요령에서 확인할 수 있다. 관세액은 해당 물품의 CIF 가격에 과세환율을 곱한 감정가격에 관세율을 곱해서 산출한다.

원산지 규정

원산지란 물품이 성장, 생산, 제조 또는 가공된 국가를 뜻하며 우리나라에서는 수입품의 원산지를 원산지표시품목과 원산지확인품목 두 가지로 구분하여 관리하고 있다.

원산지표시품목에는 일반 소비자에게 판매할 목적으로 수입되는 대부분 소비재가 포함되며 원칙적으로 모든 낱개 제품마다 원산지를 표기해야 하나 해당 물품에 직접 표기하는 것이 불가능하거나 원산지표기로 해당 물품이 심하게 훼손되는 경우에는 예외적으로 포장용기 등에 표기하는 것을 허용한다.

원산지는 한글로 '제조국: 국가명'으로 표기하거나 영문으로 표기할 경우에는 'Made in…' 혹은 'Product of…' 등으로 표기해야 한다.

원산지확인품목은 특정지역으로부터의 수입이 제한된 물품으로 세관에 원산지증명서를 제출해야 한다. 원산지증명서에는 수출국가와 상관없이 물품의 원산지가 명시되어야 하고 발급권한이 있는 관공서나 상공회의소에서 발급한 것이어야 한다.

또한 우리나라와 FTA 협약이 체결된 국가와의 수출입거래 시에는 별도의 FTA 원산지증명서를 제출함으로써 FTA 협약에 따른 관세혜택을 누릴 수 있다.

관세환급

관세환급이란 수출용 원자재를 수입할 때 납부한 관세를 수출품 제조에 사용한 경우 되돌려주는 것을 의미하며 환급절차에 따라 정액환급과 개별환급 두 종류가 있다.

정액환급이란 중소기업을 대상으로 정액환급률표에 포함되어 있는 품목에 대해 건별로 관세 등의 실제 납부액을 확인하지 않고 일정액을 환급해주는 것을 일컬으며, 개별환급이란 수출품을 제조하는 데 사용된 원자재를 수입할 때 납부한 관세를 원자재별로 산출하여 환급 해주는 것을 뜻한다.

관세환급액 산정이나 절차 등은 사안에 따라 상당히 복잡한 측면이 있으나 관세사가 관련 업무를 대행해주므로 필요한 서류만 준비하면 된다.

보험

보험 관련 기본상식

무역업체가 들어야 하는 보험으로는 운송 중에 일어나는 사고를 담보해주는 적하보험과 수출입거래에 따르는 위험을 담보해주는 무역보험이 있다.

적하보험은 운송 중에 발생하는 위험으로 인해 수출입 화물의 멸실, 파손 등으로 입은 손해를 담보하는 보험이다. 예를 들면 화물을 수송하는 도중에 선박의 침몰, 화재 등의 원인으로 화물이 멸실된다든지 손상을 입은 경우 그 손실을 보상하는 것이다.

적하보험조건은 구약관과 신약관으로 나뉘며, 담보위험의 범위에 따라 구약관에는 ICC(F.P.A), ICC(W.A), ICC(A/R), 신약관에는 ICC(C), ICC(B), ICC(A)의 조건이 규정되어 있으나 실무에서는 이 중 보상범위가 가장 큰 ICC(A/R) 또는 ICC(A) 조건이 주로 사용된다.

적하보험을 누가 들어야 할지는 거래조건에 따라 달라지는데

EXW, FOB, FAS, FCA, CFR, CPT 조건에서는 수입자가 보험에 가입해야 하고, CIF, CIP, DAP, DPU, DDP 조건에서는 수출자가 보험에 가입해야 한다.

보험증권에는 보험가액(Insured Amount), 보험조건(Insured Condition), 부보통화(Currency Insured), 보험금지급지(Settlement Place) 등이 명기되며 보험금액은 송장금액에 10%의 희망이익을 더한 110%를 부보하는 것이 일반적이다.

무역보험은 수출입거래에 수반되는 여러 가지 위험 가운데에서 적하보험으로는 구제하기 곤란한 위험으로부터 무역업자를 보호하고자 정부차원에서 운영하는 비영리 정책보험으로 한국무역보험공사(www.ksure.or.kr)에서 취급한다.

한국무역보험공사에서 취급하는 다양한 무역보험 중에서 수출계약을 체결한 후 수출이 불가능하게 되거나 수출대금을 받을 수 없는 경우의 손실을 보상해주는 장단기수출보험과 환율변동에 따르는 손실을 보상해주는 환변동보험이 대표적이다.

한국무역보험공사에서는 수입자가 선급금을 지급하고 회수하지 못했을 때 손실을 보상해주는 수입보험도 운영하나 철, 동, 아연, 석탄, 원유 등의 자원이나 시설재, 첨단제품, 외화획득용 원료 등을 수입할 때만 제한적으로 운영해서 일반상품의 경우에는 수입보험의 혜택을 받을 수 없다.

보험 관련 용어

Insurer 보험자, 즉 보험회사

Insured 피보험자, 즉 보험에 드는 자

Insured Amount 보험금액

Insured Premium 보험료

Insurance Policy 보험증권

4장

무역영어의 이해

무역영어의 이해

무역영어란 무엇인가?

일반인들이 무역영어에 대해 가장 잘못 이해하는 것이 무역영어라는 특별한 형태의 영어가 존재한다고 생각하는 것이다. 하지만 무역영어라고 해서 일반적으로 사용하는 영어와 특별히 다른 점은 없다. 일반영어에 쓰이는 문법이나 단어, 구문들이 무역영어에서도 그대로 사용된다. 단지 무역거래에 사용되는 전문적인 용어가 일부 포함된다 뿐이지 전체적인 문장구성이나 표현법은 일반영어와 다르지 않다.

따라서 일반영어를 잘하는 사람은 무역영어도 잘하게 마련이고 일반영어 실력이 부족한 사람은 무역영어를 하는 데도 어려움을 겪게 마련이다. 간혹 일반영어 실력이 그다지 뛰어나지 않은데도 무역영어만큼은 능숙하게 구사하는 사람이 있는데 무역영어를 사용하는 상황이 어느 정도 한정되어 있어서 그 한정된 상황에 따른 표현법을 익혀 자기 것으로 만든 경우에 해당된다.

호텔이나 면세점과 같이 외국인을 상대로 하는 업체에 근무하는 직원들 중에도 일반적인 영어실력은 뛰어나지 않지만 자신들이 맡은 업무에 한해서만은 능숙한 솜씨로 외국인을 상대하는 것을 볼 수 있는데 이 경우도 자신의 업무와 관련된 영어를 능숙하게 구사하는 요령을 익힌 것으로 볼 수 있다.

따라서 일반영어 실력이 조금 모자라더라도 무역영어만큼은 남 못지않게 잘할 수 있다는 확신을 갖고 실무에서 마주하는 표현들을 자기 것으로 만들도록 노력하는 적극적인 자세가 필요하다.

무역에 필요한 영어의 수준

무역거래를 하기 위해서는 외국인과 직접 대면하거나 이메일 혹은 전화로 계약조건을 협의하고 무역서류를 영어로 작성해야 하므로 일정수준의 영어실력을 갖춰야 하는 것은 두말할 필요가 없다.

문제는 무역거래를 하기 위해 어느 정도 수준의 영어를 구사해야 하느냐 하는 것인데 자신이 직접 무역거래를 할 경우 그다지 높은 수준의 영어를 구사하지 않아도 웬만한 거래를 수행하는 데 큰 어려움이 없다. 같은 나라 사람들끼리 물건을 사고팔 때 물건이 비싸다, 좀 깎아달라, 물건을 언제쯤 보낼 것인가… 등의 간단한 대화만으로 물건을 사고팔 수 있듯이 무역거래를 할 때도 복잡한 클레임에 연루되는 등의 특별한 상황에 처하지 않는 한 수준 높은 영어를 사용할 기회는 그리 많지 않기 때문이다.

같은 무역업무라 하더라도 외국회사의 에이전트 일을 하거나 중간에서 거래알선을 할 경우에는 자신이 직접 무역거래를 할 때보다 한 차원 높은 영어실력이 요구된다. 이 경우에는 물건값이 비싸다, 싸다 하는 단순한 차원을 넘어서 시장상황에 대한 자세한 리포트도 해야 하고 수출자와 수입자 사이에서 중간역할을 원만하게 수행하기 위해서 보다 다양한 영어표현에 익숙해야 하기 때문이다. 하지만 어떤 경우든 무역업무를 수행하는 데 필요한 영어는 어느 정도 일정한 틀에 의해 구사할 수 있기 때문에 다른 비즈니스를 수행하는 데 필요한 영어와 비교하면 상대적으로 쉽다고 볼 수 있다.

무역영어를 쉽게 익히는 비결

앞서도 언급했듯이 무역영어는 상황에 따라 일정한 틀에 의해 표현할 수 있기 때문에 상황별로 필요한 기본적인 표현방식만 익히면 큰 어려움 없이 무역업무를 처리할 수 있다. 문제는 과연 어떻게 무역거래에 필요한 기본적인 표현법을 익히느냐 하는 것인데 예상되는 상황에 대한 표현법을 마스터한 후 실무에 나서는 것보다는 기본적인 무역용어만 익히고 실제로 업무를 수행하면서 그때그때 상황에 따라 필요한 표현법을 익혀나가는 것이 바람직하다.

비단 무역영어뿐만 아니라 일반적인 영어공부를 할 때도 예상되는 상황에 따른 표현법을 익히는 방식보다는 실제 상황에서 영어로 표현하는 훈련을 쌓는 것이 보다 효과적으로 영어를 익힐 수 있는 방식이 될 수 있다.

무역영어에 두려움을 갖고 있는 사람들은 시중에 나와 있는 무역영어 책에 나오는 구문이나 예문을 전부 마스터한 후에나 무역업무에 나설 수 있다고 생각하기도 하지만 이는 결코 바람직하지 않다. 일반 영어와 마찬가지로 아무리 예상되는 상황에 대한 표현법을 완벽하게 익히더라도 실제 상황에서 즉각 응용하지 못하는 경우가 많고 오히려 혼동만 가져올 수 있기 때문에 일단 기본적인 무역용어만 익힌 다음 업무에 임하는 용기가 필요하다.

처음 무역업무에 나서는 경우라면 선배직원들이 남겨놓은 파일을 참고하거나 무역영어 책을 참고해서 그때그때 상황에 맞는 표현법을 익히고 미국이나 영국 등과 같은 영어권에서 보내오는 영문메일에 사용된 표현법을 하나둘 자기 것으로 만드는 것이 좋다. 영어권 국가가 아니더라도 독일, 네덜란드, 스위스 등과 같이 무역마인드가 강한 국가의 거래처들과 교신하면 비교적 정확한 비즈니스 영어를 익힐 수 있으며 싱가포르, 홍콩 등과 같이 영어 사용이 일반화된 국가의 거래처로부터 실용적인 영어를 배우는 것도 도움이 된다.

어차피 언어란 다른 사람이 하는 것을 따라 하다가 배우게 되는 것이므로 선배들이 사용하는 용어나 표현법을 따라 하면서 하나둘 익혀나가는 것이 가장 빨리 무역영어를 배우는 지름길이 된다는 것을 기억해두자.

무역영어를 잘하기 위한 요령

무역영어는 해외에 있는 무역거래파트너와 의사소통을 하기 위한 수단으로 사용하는 것이다. 따라서 미사여구나 장황한 설명보다는 간결하면서도 정확하게 자신의 의사를 전달하는 것이 중요하다. 흔히 영어를 좀 한다는 사람 중에는 공연히 어려운 단어를 사용하거나 복잡한 문장을 사용해서 영어실력을 과시하려는 듯한 인상을 풍기는 경우가 많은데 신속하면서도 정확한 의사소통이 생명인 무역현장에서는 환영받기가 어렵다.

무역영어를 잘하기 위해서는 가급적 쉬운 단어를 사용해서 간단명료하게 영어로 표현하는 습관을 들이는 것이 좋으며 이를 위해서는 영자신문을 구독하거나 영어뉴스를 청취하는 것이 도움이 될 수 있다. 신문이나 방송의 특성상 간결하면서도 정확한 정보의 전달에 주력하므로 무역영어의 사용 의도와 일맥상통하기 때문이다.

무역영어를 구사함에 있어 지나치게 문법에 신경을 쓰는 것은 바람직하지 않다. 물론 이왕이면 문법이 틀리지 않은 정확한 영어를 구사함으로써 상대방에게 좋은 인상을 심어주는 것이 바람직하지만, 무역영어의 목적은 신속하고 정확한 의사전달에 있음을 다시 한번 되새길 필요가 있다.

문법에 신경 쓰느라 문장을 만드는 데 시간을 허비하고 장황한 문장 때문에 오히려 정확한 의사전달을 어렵게 하는 것보다는 문법적으로는 맞지 않더라도 간결하면서도 정확한 의사전달에 포커스를 맞추는 것이 좋다. 그렇다고 정확한 해석이 불가능할 정도로 문법을 무시하거나 지나친 생략을 하는 것은 경계해야 한다.

때로는 쉬운 단어를 사용해 간결하면서도 정확한 문장을 구사하는 것이 어려운 단어를 사용해 복잡한 문장을 만드는 것보다 훨씬 더 어려울 수 있다. 하지만 항상 간결하면서도 정확한 영어를 구사하는 것이 중요하다는 인식을 갖고 꾸준히 노력하다보면 자신도 모르는 사이에 더 나은 무역영어를 구사할 수 있게 될 것이다.

5장

수출입 실전사례

앞서 무역거래에 필요한 실무지식에 대해 설명한 것을 토대로 실제 무역거래가 이루어지는 과정을 살펴보자. 수출과 수입으로 나누어 가상의 수출입업체 간에 이루어지는 무역거래의 전 과정을 살펴봄으로써 무역용어와 절차들이 실제 무역거래에서 어떻게 사용되고 적용되는지를 확인할 수 있으며 무역영어에 대한 이해도 높일 수 있다.

수출 실전사례

사례 1

수출경험이 없는 공장을 대신해서 해외시장을 개척한 경우

K씨는 중소제조업체에서 관리업무를 담당하다가 업무가 적성에 맞지 않고 상사와 트러블도 있어서 독립할 기회를 엿보던 중 먼 친척뻘 되는 사람으로부터 자기가 운영하는 공장에서 생산되는 각종 스포츠 액세서리를 수출해보면 어떻겠냐는 제안을 받고 독립을 결심하였다.

무역에 대한 경험이 전무한 K씨는 우선 무역회사를 경영하는 선배를 찾아가서 자초지종을 설명하고 수출하기 위해 필요한 절차와 준비사항 등에 대해 자문했다. 선배는 무역업이 자유화되어 사업자등록증만 있으면 누구나 수출을 할 수 있다면서 단지 수출하고자 하는 품목에 따라 일부 수출이 제한되는 경우가 있으니 확인해보라고 했다. K씨는 선배가 일러준 대로 무역협회사이트에 접속해 품목별수출입요령을 확인한 결과 해당 품목을 수출하는 데 아무런 제약이 없음을 확인하고 선배에게 다음에 할 일이 무엇인지를 물었다.

선배는 우선 해외바이어를 찾기에 앞서 수출할 물건에 대한 정확한 자료를 준비하는 것이 중요하므로 공장과 협의해서 수출할 물건의 정확한 규격과 용도, 특징 등에 대한 자료를 준비하고, 공장의 포장방식이 수출에 적합한지도 알아보라고 했다. 아울러 공장도가격을 결정하되 수출의 경우 대량주문으로 이이질 수 있다는 점을 감안해서 국내도매가격보다 유리한 가격을 받아내라고 했다.

K씨는 선배가 일러준 대로 공장을 방문해 수출에 필요한 자료를 확보하고 포장에도 신경을 써달라고 했다. 공장사장은 전문적으로 수출포장박스를 제작하는 업체를 알고 있다며 수출용 포장박스를 주문해 포장을 강화하겠다고 했다. 공장도가격도 국내도매가격보다 훨씬 유리한 가격으로 결정되었다.

K씨는 확정된 공장도가격을 기준으로 수출가격표를 작성했다. 아직 수출오퍼를 보낼 지역이 정해지지 않았으므로 거래조건은 해상운임을 포함하지 않은 FOB(본선인도조건)로 하고 결제방식은 첫 거래임을 감안해 사전에 송금해주든가 일람불 신용장(at sight L/C)을 개설하는 조건을 내세우기로 했다.

FOB 조건의 가격을 산정하기 위해서는 공장도가격에 선적항까지의 내륙운송비와 수출통관비를 더해야 하므로 선배로부터 소개받은 포워더와 관세사로부터 해당 비용을 확인한 후 공장도가격에 더해 다음과 같은 수출가격표를 작성했다.

Export Price List

Description	Unit Price/FOB Busan	Quantity/Carton
Sports Accessory K-001	US$4.15	300
Sports Accessory K-002	US$5.80	240
Sports Accessory K-003	US$6.95	200
Sports Accessory K-004	US$8.20	180
Sports Accessory K-005	US$8.65	180

Payment: By an irrevocable L/C at sight or T/T in advance

가격표를 작성할 때 현재 환율보다 약간 여유를 두어 향후 환율변동에 대비하고 바이어의 가격할인 요청에 대비하기 위해 실제가격보다 약간 높은 수준으로 가격을 결정하였다. 또한 바이어가 포장단위에 맞춰 오더량을 정할 수 있도록 카톤박스당 포장되는 수량을 명시하였다. 아이템의 성격상 카탈로그도 필요했지만 일단 초기 시장개척단계에서는 제품사진으로 대체하기로 하고 휴대폰으로 수출할 물건들을 찍어 파일에 보관해놓았다.

가격표 작성을 마친 K씨는 본격적으로 바이어를 찾기 시작했다. 가장 빨리 효과적으로 바이어를 찾을 수 있는 방안을 모색하던 K씨는 선배의 조언에 따라 알리바바닷컴(www.alibaba.com), 트레이드코리아(www.tradekorea.com), 바이코리아(www.buykorea.org) 등과 같은 인터넷거래알선사이트에 자사제품을 홍보하는 게시물을 올렸다.

게시물을 올리자마자 미국 쪽 바이어로부터 다음과 같은 연락이 왔다.

We read your article posted on Alibaba. Having interest in your products, we would like to have your offer. Please advise us of your best prices and payment terms.

K씨는 즉각 다음과 같은 답신메일을 보냈다.

Thank you for your inquiry. Attached please find our export price list including payment terms. Also attached are photos of the products we are dealing with. Please advise us if you need any more information on our products.

며칠 후 바이어로부터 다음과 같은 메일이 왔다.

Thank you for your email. We are interested in your products and wish to study a possibility to introduce your products in our market. Please confirm if you can change price terms to CIF New York.

K씨가 제시한 FOB 조건의 가격을 CIF 조건으로 바꿔달라는 요청이었다. 선배에게 자문하니 Trade Terms를 Price Terms라고도 부르며, 바이어 측에서 거래조건의 변경을 요구하는 경우에는 해당 조건에 맞게 가격을 수정해서 알려주면 된다고 했다. 즉 CIF 조건의 가격에는 FOB 조건에 포함된 비용에다 도착항까지의 해상운임과 보험

료가 추가되므로 포워더와 보험회사에 해당 비용을 확인해서 새로 작성한 가격표를 보내주면 된다는 것이었다. K씨는 선배가 일러준 대로 다음과 같은 가격표를 새로 작성하여 바이어에게 보내주었다.

Thank you for your email. As per your request, we would like to advise you of our revised prices as follows:

Description	Unit Price/CIF New York	Quantity/Carton
Sports Accessory K-001	US$4.50	300
Sports Accessory K-002	US$6.20	240
Sports Accessory K-003	US$7.40	200
Sports Accessory K-004	US$8.80	180
Sports Accessory K-005	US$9.10	180

새로운 가격표를 보내고 난 후 한동안 답장이 오지 않아 거래가 무산된 것으로 생각하고 실망할 즈음 바이어로부터 다음과 같은 메일이 왔다.

We studied our market with your prices and found that they are a little bit high for our market. In this connection, please kindly check if you can reduce your prices by 5%.

K씨는 처음 가격표를 계산할 때 가격할인 요구에 응할 수 있도록 여유를 두었으므로 5%를 인하해도 크게 문제될 것은 없었다. 하지만 상대방의 가격인하 요구를 그대로 받아들이면 처음에 가격표를 작성

할 때 가격을 부풀렸다는 인상을 심어줄 수도 있으므로 일단 3%만 깎아줄 수 있다고 통보하고 상대방의 반응을 보기로 했다. K씨는 다음과 같은 메일을 바이어에게 보냈다.

> Thank you for your kind interest in our products. We offered our best prices to advance into overseas market, but will be glad to make 3% discount in order to start business with you.

다음 날 아침 메일함을 확인해보았지만 바이어로부터 회신은 없었다. 바이어의 가격인하 요구를 그대로 받아줄 걸 그랬다는 후회가 밀려왔지만 참고 기다려보기로 했다. 다행히 며칠 후 바이어로부터 다음과 같은 메일이 왔다. 첫 오더가 확정되는 순간이었다.

> We are pleased to confirm our order as follow:
>
> | Item No | Quantity |
> |---|---|
> | K-001 | 900 pcs |
> | K-002 | 720 pcs |
> | K-003 | 800 pcs |
> | K-004 | 540 pcs |
> | K-005 | 360 pcs |
>
> Please issue proforma invoice for above order.
> As soon as we receive your proforma invoice, we will open an L/C.

K씨는 즉시 다음과 같은 Proforma Invoice를 작성해서 발송했다.

SMILE CORPORATION

① Expoters & Importers

123, SAMSUNG-DONG, KANGNAM-KU, SEOUL,KOREA

TEL : (02) 555-1122 FAX : (02)555-1133

PROFORMA INVOICE

② Messrs. ABC CORPORATION
111, HAPPY ROAD
CA 10001, USA

③ Invoice No. KI-0125
④ Date. JANUARY 25, 2020

⑤ Description	⑥ Quantity	⑦ Unit Price	⑧ Amount
	⑨ CIF NEW YORK		
SPORTS ACCESSORIES K-001	900 PCS	US$4.37	US$3,933.00
SPORTS ACCESSORIES K-002	720 PCS	US$6.01	US$4,327.20
SPORTS ACCESSORIES K-003	800 PCS	US$7.18	US$5,744.00
SPORTS ACCESSORIES K-004	540 PCS	US$8.54	US$4,611.60
SPORTS ACCESSORIES K-005	360 PCS	US$8.83	US$3,178.80
TOTAL	3,320 PCS		US$21,794.60

⑩ Packing : EXPORT STANDARD
⑪ Shipping Port : BUSAN, KOREA
⑫ Destination : NEW YORK, USA
⑬ Shipment : WITHIN ONE MONTH AFTER RECEIPT OF L/C
⑭ Payment : BY AN IRREVOCABLE L/C AT SIGHT

Very truly yours,
⑮ SMILE CORPORATION

Proforma Invoice를 발급하고 얼마 안 되어 거래은행으로부터 신용장이 도착했다는 연락이 왔다. 비로소 외국으로부터 첫 번째 오더가 확정되고 L/C까지 열린 것이다. K씨는 감격에 겨워 첫 번째 받은 신용장의 내용을 꼼꼼히 살펴보았다.

40A	Form of Documentary Credit	: IRREVOCABLE
20	Documentary Credit Number	: L12345678
31C	Date of Issue	: 20/02/01
40E	Applicable Rules	: UCP LATEST VERSION
31D	Date and Place of Expiry	: 20/03/10 SEOUL
50	Applicant	: ABC CORPORATION. 111, HAPPY ROAD, NEW YORK, USA
59	Beneficiary	: SMILE CORPORATION 123, SAMSUNG-DONG, KANGNAM-KU, SEOUL, KOREA.
32B	Currency Code, Amount	: USD21,794.60
32A	Percentage Credit Amount Tolerance	: 0/0
41D	Available with......By......	: ANY BANK BY NEGOTIATION
42C	Drafts at	: SIGHT
42A	Drawee	: NEW YORK BANK 2007, WALL STREET, NEW YORK, USA
43P	Partial Shipment	: ALLOWED
43T	Transshipment	: NOT ALLOWED
44A	Port of Loading/Airport of Departure	: BUSAN, KOREA
44B	Port of Discharge/Airport of Destination	: NEW YORK, USA
44C	Latest Date of Shipment	: 20/02/28
45A	Description of Goods and/or Services 3,320 PCS OF SPORTS ACCESSORIES	

46A Documents Required

+SIGNED COMMERCIAL INVOICE IN QUINTUPLICATE

+PACKING LIST IN TRIPLICATE

+FULL SET OF CLEAN ON BOARD OCEAN BILL OF LADING MADE OUT TO THE ORDER OF NEW YORK BANK MARKED FREIGHT PREPAID AND NOTIFY APPLICANT

+MARINE INSURANCE POLICY OR CERTIFICATE IN DUPLICATE, ENDORSED IN BLANK FOR 110% OF THE INVOICE VALUE. INSURANCE MUST INCLUDE : INSTITUTE CARGO CLAUSES : I.C.C(A)

+CERTIFICATE OF ORIGIN

47A Additional Conditions

ALL DOCUMENTS MUST BEAR OUR CREDIT NUMBER.

71B	Charges	: ALL BANKING COMMISSIONS AND CHARGES OUTSIDE USA ARE FOR ACCOUNT OF BENEFICIARY
49	Confirmation Instructions	: WITHOUT
48	Period for Presentation	: DOCUMENTS MUST BE PRESENTED WITHIN 14 DAYS AFTER THE DATE OF SHIPMENT BUT WITHIN THE VALIDITY OF CREDIT

78 Instructions to the Paying/Accepting/Negotiating Bank

DOCUMENTS TO BE FORWARDED TO US IN ONE LOT BY COURIER

처음 받아보는 신용장이라 불안하여 선배에게 사본을 보내주고 이상이 없는지를 확인해달라고 했더니 선배는 아무 이상이 없다며 축하한다고 했다. K씨는 비록 큰 오더는 아니었지만 처음으로 해외바이어로부터 오더를 받고 흥분을 감출 수 없었다. 즉시 공장사장에게 연락해서 신용장이 도착했다고 했더니 그 또한 기쁨을 감추지 않았다. 일단 공장사장에게 오더를 준비해달라고 하고 생각해보니 공장 측과 물품대금지급방식에 대해 합의한 것이 없었다. 선배에게 이런 경우 어떻게 하는지 물었더니 선배는 다음과 같은 대답을 주었다.

수출업체와 국내공급업체 간의 대금결제에는 주로 내국신용장을 사용한다. 내국신용장은 단순히 지급수단으로만 사용되는 것이 아니라 국내공급업체에도 수출실적이 부여되고, 영세율이 적용되며, 관세환급을 받을 수 있는 근거서류로 사용할 수 있다. 만일 내국신용장의 발급이 여의치 않을 경우에는 수출자의 거래은행에서 발급하는 구매확인서를 근거서류로 사용하면 된다. 결론적으로 국내에서 물건을 구입해 수출하는 경우 수출자는 국내공급업체에 내국신용장이나 구매확인서 중 한 가지 서류를 발급해주어야 국내공급업체가 수출품을 공급하는 데 따르는 혜택을 누릴 수 있다.

K씨는 선배의 설명을 듣다가 관세환급이라는 용어가 낯설어 물어보았다. 선배는 관세환급이란 수출품을 만드는 데 사용한 원료나 부품을 외국에서 수입할 때 냈던 관세를 돌려주는 제도를 뜻하며 관세환급업무는 관세사가 대행해주기 때문에 자세한 내용은 몰라도 된다고 덧붙였다.

K씨는 선배의 설명에 따라 거래은행을 접촉해 내국신용장발급에 따르는 거래약정을 체결하고 공장을 수혜자로 하는 내국신용장을 발급받아 공장사장에게 전해주었다. K씨는 다시 선배에게 그다음 할 일이 무엇인지 물었다. 선배는 운송업무와 통관업무는 각각 포워더와 관세사에게 맡겨 처리하면 되며 거래조건이 CIF이므로 적하보험에 가입하는 것을 잊지 말라고 했다.

K씨는 선배에게 소개받은 포워더에 연락해 운송업무를 맡아달라고 했다. 포워더는 Commercial Invoice와 Packing List만 작성해주면 물건이 부산항에서 선적될 때까지 모든 운송업무를 처리해줄 테니 안심하라고 했다. 아울러 자신들과 제휴한 관세사와 연계하여 통관업무까지 일괄적으로 처리해주겠다고 했다. K씨는 한국무역협회 웹사이트에 소개된 서식작성요령을 참고해 다음과 같이 Commercial Invoice와 Packing List를 작성했다.

COMMERCIAL INVOICE

① Shipper/Exporter SMILE CORPORATION 123, SAMSUNG-DONG, KANGNAM-KU, SEOUL, KOREA	⑧ No. & date of invoice KI-0215, FEBRUARY 15, 2020 ⑨ No. & date of L/C L12345678, FEB 1, 2020
② Buyer/Applicant ABC CORPORATION 111, HAPPY ROAD, CA 10001, USA	⑩ L/C issuing bank NEW YORK BANK, NEW YORK, USA
③ Notify party SAME AS ABOVE ④ Port of loading: BUSAN, KOREA ⑤ Final destination: NEW YORK, USA ⑥ Carrier: OCEAN GLORY ⑦ Sailing on or about: FEBRUARY 20, 2020	⑪ Remarks

⑫ Marks and no. of pkgs	⑬ Description of goods	⑭ Quantity	⑮ Unit price	⑯ Amount
ABC CORP	SPORTS ACCESSORIES		CIF NEW YORK	
NEW YORK	K-001	900 PCS	US$4.37	US$3,933.00
C/NO 1-15	K-002	720 PCS	US$6.01	US$4,327.20
ITEM NO:	K-003	800 PCS	US$7.18	US$5,744.00
	K-004	540 PCS	US$8.54	US$4,61160
	K-005	360 PCS	US$8.83	US$3,178.80
	TOTAL	3,320 PCS		US$21,794.60

Signed by ____________________

PACKING LIST

① Shipper/Exporter SMILE CORPORATION 123, SAMSUNG-DONG, KANGNAM-KU, SEOUL, KOREA		⑧ No. & date of invoice KI-0215, FEBRUARY 15, 2020
② Buyer/Applicant ABC CORPORATION 111, HAPPY ROAD, CA 10001, USA		⑨ Remarks
③ Notify party SAME AS ABOVE		
④ Port of loading BUSAN, KOREA	⑤ Final destination NEW YORK, USA	
⑥ Carrier OCEAN GLORY	⑦ Sailing on or about FEBRUARY 20, 2020	

⑩ Marks and no. of pkgs	⑪ Description of goods		⑫ Quantity	⑬ Net weight	⑭ Gross weight	⑮ Measurement
ABC CORP	SPORTS ACCESSORIES		3,320 PCS	2,945 KGS	3,208 KGS	24.532 CBM
NEW YORK	C/NO 1-3	K-001				
C/NO. 1-15	C/NO 4-6	K-002				
ITEM NO :	C/NO 7-10	K-003				
	C/NO 11-13	K-004				
	C/NO 14-15	K-005				

Signed by ______________________

포워더는 출고날짜에 맞추어 물건을 공장에서 픽업해 부산항까지 운송하는 한편 제휴한 관세사를 통해서 수출통관절차를 마치고 물건을 선박에 실은 후 다음과 같은 선하증권(B/L)을 발급받아 전해주었다.

한편 K씨는 물건이 선적되기 전 적하보험에 가입하고 보험회사로부터 보험증권을 발급받았다.

K씨는 Commercial Invoice, Packing List, Bill of Lading, Insurance Policy를 은행에 제출하고 수출대금을 지급받은 후 바이어에게 다음과 같은 메일을 보냈다.

> We are pleased to inform you that your order has been shipped on the vessel 'OCEAN GLORY 321E' that will depart from Busan on February 20, 2020 and arrive in New York on March 17, 2020. Attached please find copies of shipping documents. Originals were submitted to our bank.

K씨는 난생처음 직접 수출을 하면서 무역이 그야말로 별것 아니라는 생각이 들었다. 특히 바이어를 접촉해서 오더를 받은 것 외에 자신이 한 일이라고는 Proforma Invoice, Commercial Invoice, Packing List를 작성한 것밖에 없고 운송 및 통관과 관련한 모든 업무는 포워더와 관세사가 처리해준다는 것이 여간 편리하지 않았다.

첫 수출을 성공적으로 마무리하고 자신감을 갖게 된 K씨는 본격적인 해외시장개척에 나서서 인터넷에 웹사이트를 개설하고 해외전시회에 참가하는 등의 다양한 방법을 동원하여 신규바이어를 개발하고 취급품목을 확대해 스포츠용품전문수출업체로 자리 잡게 되었다.

Bill of Lading

① Shipper/Exporter SMILE CORPORATION 123, SAMSUNG-DONG, KANGNAM-KU, SEOUL, KOREA	⑪ B/L No. ;
② Consignee TO THE ORDER OF NEW YORK BANK	
③ Notify Party ABC CORPORATION 11, HAPPY ROAD CA 10001, USA	

Pre-Carriage by	⑥ Place of Receipt BUSAN CY	
④ Ocean Vessel OCEAN GLORY	⑦ Voyage No. 321E	⑫ Flag KOREA

⑤ Port of Loading	⑧ Port of Discharge	⑨ Place of Delivery	⑩ Final Destination(For the Merchant Ref.)
BUSAN, KOREA	NEW YORK, USA	NEW YORK CY	

⑬ Container No.	⑭ Seal No. Marks & No	⑮ No. & Kinds of Containers or Packages	⑯ Description of Goods	⑰ Gross Weight	⑱ Measurement
TEXU0101	N/M	1 CNTR	SPORTS ACCESSORIES 3,320 PCS "FRIEGHT PREPAID"	3,208 KGS	24.532 CBM

⑲ Freight and Charges	⑳ Revenue tons	㉑ Rate	㉒ Per	㉓ Prepaid	㉔ Collect

㉕ Freight prepaid at	㉖ Freight payable at	㉘ Place and Date of Issue FEBRURY 20, 2020, SEOUL Signature
Total prepaid in	㉗ No. of original B/L THREE(3)	
㉙ Laden on board vessel Date Signature FEBRUARY 20, 2020		㉚ HONEST Shipping Co. Ltd. as agent for a carrier, RICH Liner Ltd.

Honest Insurance Co., Ltd.

CERTIFICATE OF MARINE CARGO INSURANCE

<table>
<tr><td colspan="3">Assured(s), etc ② SMILE CORPORATION</td></tr>
<tr><td colspan="2">Certificate No.
① 00259A87523</td><td>Ref. No.③ Invoice No. SCI-0409
L/C No. L12345678</td></tr>
<tr><td colspan="2">Claim, if any, payable at : ⑥
HONEST MARINE SERVICE
222 Honest Road New York
Tel (202) 309-59412
Claims are payable in</td><td>Amount insured ④
USD 23,974.06
(USD 21,794.60×110%)</td></tr>
<tr><td colspan="2">Survey should be approved by ⑦
THE SAME AS ABOVE</td><td rowspan="4">Conditions ⑤
* INSTITUTE CARGO CLAUSE(A) 1982
* CLAIMS ARE PAYABLE IN AMERICA IN THE CURRENCY OF THE DRAFT.</td></tr>
<tr><td>⑧ Local Vessel or Conveyance</td><td>⑨ From(interior port or place of loading)</td></tr>
<tr><td>Ship or Vessel called the
⑩ OCEAN GLORY</td><td>Sailing on or about
⑪ FEBRUARY 20, 2020</td></tr>
<tr><td>at and from
⑫ BUSAN, KOREA</td><td>⑬ transshipped at</td></tr>
<tr><td>arrived at
⑭ NEW YORK, USA</td><td>⑮ thence to</td><td></td></tr>
<tr><td colspan="2">Goods and Merchandise ⑯
3,320 PCS OF SPORTS ACCESSORIES</td><td>Subject to the following Clauses as per back hereof institute Cargo Clauses Institute War Clauses(Cargo) Institute War Cancellation Clauses(Cargo)
Institute Strikes Riots and Civil Commotions Clauses
Institute Air Cargo Clauses(All Risks)
Institute Classification Clauses
Special Replacement Clause(applying to machinery)
Institute Radioactive Contamination Exclusion Clauses
Co-Insurance Clause Marks and Numbers as</td></tr>
<tr><td colspan="3">Place and Date signed February 20, 2020No. of Certificates issued. ⑰ TWO
⑱ This Certificate represents and takes the place of the Policy and conveys all rights of the original policyholder (for the purpose of collecting any loss or claim) as fully as if the property was covered by a Open Policy direct to the holder of this Certificate.
This Company agrees losses, if any, shall be payable to the order of Assured on surrender of this Certificate.
Settlement under one copy shall render all others null and void.
Contrary to the wording of this form, this insurance is governed by the standard from of English Marine Insurance Policy.
In the event of loss or damage arising under this insurance, no claims will be admitted unless a survey has been held with the approval of this Company's office or Agents specified in this Certificate.

SEE IMPORTANT INSTRUCTIONS ON REVERSE
⑲ Honest Insurance Co., Ltd.

AUTHORIZED SIGNATORY

This Certificate is not valid unless the Declaration be signed by an authorized representative of the Assured.</td></tr>
</table>

사례 2

수출상담회를 통해 해외시장개척에 성공한 경우

Y씨는 자체기술로 개발한 시험기기가 국내시장에서 좋은 반응을 얻자 해외시장 진출 가능성을 타진하던 중 무역관련기관에서 주최한 수출상담회를 통해 영국의 전문수입업체를 만날 수 있었다.

영국업체의 수입담당자가 직접 공장을 방문해서 기기의 제작과정 및 품질관리시스템을 점검하고 본격적인 상담에 들어갔다. 영국업체는 한국과 다른 시스템을 사용하는 영국시장에 맞춰 디자인을 변경해줄 수 있는지를 물었고 Y씨는 최소주문수량을 맞춰주면 가능하다고 답변하였다. 영국업체에서는 대당 가격과 최소주문수량을 알려주면 검토해보겠다고 했다.

Y씨는 수출에 따르는 부대비용을 감안하여 수출가격표를 작성한 후 다음과 같은 메일을 보냈다.

> We would like to advise you of our export prices for our testing equipment as follows:
>
> | | |
> |---|---|
> | Testing Equipment M-001 | US$1,150.00/unit |
> | Testing Equipment M-002 | US$1,420.00/unit |
> | Testing Equipment M-003 | US$1,830.00/unit |
>
> Trade Terms: CIP London Airport
>
> We can produce above models with your own design if you order minimum 10 units per each model.

Y씨는 제품이 고가의 장비임을 감안하여 해상운송보다는 항공운송방식이 적합할 것으로 판단하고 포워더에게 항공운임을 확인해서 CIP 조건으로 가격표를 작성했다. 또한 모델당 최소주문단위 10대를 맞춰주면 바이어가 원하는 디자인으로 생산이 가능함을 명시했다. 영국업체에서는 다음과 같은 답신을 보내왔다.

> We duly noted your prices and minimum order quantity. We can buy 10 units each of the three models, but would like to know if you can make any discount if we order total 30 units.

수출가격표를 작성할 때 해외시장에 진출하기 위해 최대한 가격을 낮췄던 Y씨는 잠시 가격인하 여부를 고민하다가 다음과 같은 메일을 발송하였다.

> We appreciate your kind interest in our products. We already offered our rock-bottom prices leaving no room for any discount, so please kindly accept our prices as offered already.

Y씨는 메일을 보내고 가격문제 때문에 거래가 깨질까봐 조마조마했지만 다행히도 영국업체로부터 다음과 같은 답신이 왔다.

After discussing with our marketing department, we finally decided to accept your prices and would like to confirm our order as follows :

Testing Equipment M-001	10 Units
Testing Equipment M-002	10 Units
Testing Equipment M-003	10 Units

Please advise us of your payment terms.

Y씨는 영국업체에서 가격을 수락한 것에 안도의 숨을 내쉬면서도 아직 결제방식에 대한 합의가 이루어지지 않았음을 확인하고 다음과 같은 메일을 보냈다.

Thank you very much for your valuable order. We would like you to make payment by T/T in advance or L/C.

영국업체에서는 다음과 같은 메일을 보내왔다.

We duly noted your price terms, but would like you to accept payment by T/T upon receipt of goods.

Y씨는 첫 거래부터 상대방을 믿고 물건을 보냈다가 물품대금을 받지 못하면 낭패라는 생각이 들어서 무역경험이 많은 친구에게 자문했다. 친구는 그런 경우를 대비해서 한국무역보험공사에서 취급하는

수출보험에 가입할 수 있는지를 알아보라고 했다. 한국무역보험공사에 알아보니 수입자와 수출자의 신용상태에 따라 수출보험의 가입이 가능하다고 했다. Y씨는 영국업체의 제안을 받아들이기로 하고 다음과 같은 Proforma Invoice를 작성해서 보냈다.

YOUTH CORPORATION

① Manufacturers, Expoters & Importers

201, Seoul Tower Samsung-Dong, Kangnam-Ku, Seoul, Korea

PROFORMA INVOICE

② Messrs. EFG MARKETING LIMITED
25 DORSET STREET
LONDON W1H 3FT
U. K.

③ Invoice No. YS-0115
④ Date. JANUARY 15, 2020

⑤ Description	⑥ Quantity	⑦ Unit Price	⑧ Amount
	⑨ CIP LONDON AIRPORT		
TESTING EQUIPMENT M-001	10 UNITS	US$1,150.00	US$11,500.00
TESTING EQUIPMENT M-002	10 UNITS	US$1,420.00	US$14,200.00
TESTING EQUIPMENT M-003	10 UNITS	US$1,830.00	US$18,300.00
TOTAL	30 UNITS		US$44,000.00
********************************	***************	***************	***************

⑩ Packing : EXPORT STANDARD
⑪ Shipping Port : INCHEON AIRPORT, KOREA
⑫ Destination : LONDON AIRPORT, U.K.
⑬ Shipment : WITHIN ONE MONTH
⑭ Payment : BY T/T TO FOLLOWING ACCOUNT UPON RECEIPT OF GOODS
NAME OF BANK : SEOUL BANK
ACCOUNT NUMBER : 3303-750-66321
ACCOUNT NAME : YOUTH CORPORATION

Very truly yours,
⑮ SMILE CORPORATION

다음 날 바이어로부터 이메일이 도착했다.

> We checked your proforma invoice and confirmed that everything is correct. Please proceed to preparation of our order and send them as soon as they are ready.

Y씨는 즉시 영국업체에서 주문한 시험기기의 생산에 착수하는 한편 장거리 운송에 대비해 수출용 포장박스를 주문한 후 무역경험이 풍부한 친구에게 추가로 해야 할 일이 있는지 물었다.

친구는 그간의 진행상황을 들은 후 포장박스에 Shipping Mark를 표시했는지를 물었다. 영국업체에서 따로 요청하지 않아서 표시하지 않았다고 했더니 Shipping Mark는 수입자의 요청 여부와 상관없이 수출상품을 포장한 박스 표면에 반드시 표시해야 한다고 했다. 친구는 Shipping Mark를 표시하지 않고 수출했다가 수입자가 물건을 찾지 못해서 보상해준 사례도 있다면서 Shipping Mark의 중요성을 강조하였다.

Y씨는 친구의 조언에 따라 수출포장박스에 수입자의 이니셜, 목적지, 박스 일련번호 등을 명시한 Shipping Mark를 표시하고 생산이 완료될 즈음 다음과 같은 Commercial Invoice와 Packing List를 작성했다.

COMMERCIAL INVOICE

<table>
<tr><td colspan="2">① Shipper/Exporter
YOUTH CORPORATION
201, SEOUL TOWER,
SAMSUNG-DONG, KANGNAM-KU
SEOUL, KOREA</td><td colspan="3">⑧ No. & date of invoice
YS-0215, FEBRUARY 15, 2020</td></tr>
<tr><td colspan="2"></td><td colspan="3">⑨ No. & date of L/C</td></tr>
<tr><td colspan="2">② Buyer/Applicant
EFG MARKETING LIMITED
25 DORSET STREET,
LONDON 21H 3FT
U.K.</td><td colspan="3">⑩ L/C issuing bank</td></tr>
<tr><td colspan="2">③ Notify party
SAME AS ABOVE</td><td colspan="3" rowspan="3">⑪ Remarks</td></tr>
<tr><td>④ Port of loading
INCHEON
AIRPORT, KOREA</td><td>⑤ Final destination
LONDON AIRPORT,
U.K.</td></tr>
<tr><td>⑥ Carrier
KE-007</td><td>⑦ Sailing on or about
FEBRUARY 20, 2020</td></tr>
</table>

⑫ Marks and no. of pkgs	⑬ Description of goods	⑭ Quantity	⑮ Unit price	⑯ Amount
EFG	TESTING EQUIPMENT		CIP LONDON AIRPORT	
LONDON	M-001	10 UNITS	US$1,150.00	US$11,500.00
C/NO 1-30	M-002	10 UNITS	US$1,420.00	US$14,200.00
ITEM NO	M-003	10 UNITS	US$1,830.00	US$18,300.00
	TOTAL	30 UNITS		US$44,000.00

Signed by ______________________

PACKING LIST

<table>
<tr><td colspan="2">① Shipper/Exporter
YOUTH CORPORATION
201, SEOUL TOWER,
SAMSUNG-DONG, KANGNAM-KU,
SEOUL, KOREA</td><td>⑧ No. & date of invoice
YS-0215, FEBRUARY 15, 2020</td></tr>
<tr><td colspan="2">② Buyer/Applicant
EFG MARKETING LIMITED
25 DORSET STREET,
LONDON W1H 3FT
U.K.</td><td rowspan="4">⑨ Remarks</td></tr>
<tr><td colspan="2">③ Notify party
SAME AS ABOVE</td></tr>
<tr><td>④ Port of loading
INCHEON
AIRPORT, KOREA</td><td>⑤ Final destination
LONDON AIRPORT,
U.K.</td></tr>
<tr><td>⑥ Carrier
KE-007</td><td>⑦ Sailing on or about
FEBRUARY 20, 2020</td></tr>
</table>

⑩ Marks and no. of pkgs	⑪ Description of goods	⑫ Quantity	⑬ Net weight	⑭ Gross weight	⑮ Measurement
EFG LONDON C/NO 1-30 ITEM NO	TESTING EQUIPMENT C/NO 1-10 C/NO 11-20 C/NO 21-30	30 UNITS	94 KGS	101 KGS	2.324 CBM

Signed by ______________________

Y씨는 준비한 서류를 관세사와 포워더에게 주고 통관과 운송업무를 의뢰하는 한편 적하보험 및 수출보험에 가입하여 만약의 사고와 미수금 발생에 대비하였다. 며칠 후 포워더가 다음과 같은 항공화물운송장을 보내왔다.

Y씨는 포워더로부터 통보받은 운항스케줄을 바탕으로 다음과 같은 메일을 작성해서 영국업체에 발송했다.

> We are pleased to inform you that your order is scheduled to arrive in London Airport at 14:45 hrs on February 23 via KE-007. Attached please find copies of AWB and commercial invoice. Please confirm receipt of the goods and send payment.

물건이 무사히 도착하고 영국업체에서 송금한 수출대금이 입금됨으로써 한 건의 거래가 무사히 마무리되었다. 초도물량의 판매가 성공적으로 이루어짐에 따라 영국업체에서는 물량을 늘려 두 번째 오더를 발주하였고 Y씨는 영국시장에 성공적으로 진출한 것을 무기삼아 다른 유럽국가 진출을 서두르고 있다.

Shipper's Name and Address	Shipper's Account Number	Not negotiable **Air Waybill** *issued by* KOREAN AIR
YOUTH CORPORATION 201, SEOUL TOWER SAMSUNG-DONG, KANGNAM-KU, SEOUL, KOREA		Copies 1, 2 and 3 of this Air Waybil are originals and have the same validity.
Consignee's Name and Address EFG MARKETING LIMITED 25 DORSET STREET LONDON W1H 3FT U.K.	**Consignee's Account Number**	It is agreed that the goods described herein are accepted in apparent good order and condition (except as noted) for carriage SUBJECT TO THE CONDITIONS OF CONTRACT ON THE REVERSE HEREOF. THE SHIPPER'S ATTENTION IS DRAWN TO THE NOTICE CONCERNING CARRIER'S LIMITATION OF LIABILITY. Shipper may increase such limitation of liability by declaring a higher value for carriage and paying a supplemental charge if required.
Telephone :		
Issuing Carrier's Agent Name and City HONEST CARGO LTD		**Accounting Information** RATE CHARGE EX RATE USD 1.00 = EU 0.80 AIR FREIGHT PREPAID 0901EA020
Agent's IATA Code 39193220011	**Account No.** 39193220011	
Airport of Departure(Addr. of First Carrier) and Requested Routing INCHEON AIRPORT		

TO	By First Carrier	Routing and Destination	to	by	to	by	Currency	CHGS Code	WT/VAL PPD	WT/VAL COLL	Other PPD	Other COLL	Declared Value for Carriage	Declared Value for Customs
NY	KOREAN AIR						USD		PP		PP		N.V.D.	N.C.V.

Airport of Destination	Flight/Date	For Carrier Use Only	Flight/Date	Amount of Insurance	INSURANCE-If Carrier offers Insurance, and such insurance is requested in accordance with conditions on reverse hereof, indicate amount to be insured in figures in box marked 'amount of Insurance'.
LONDON AIRPORT				NIHILL	

Handing Information

No. of Pieces RCP	Gross Weight	kg lb	Rate Class / Commodity item No.	Chargeable Weight	Rate / Charge	Total	Nature and Quantity of Goods (incl. Dimensions or Volume)
1	18,000	K		18.0	12.48	224.64	30 UNITS OF TESTING EQUIPMENT COUNTRY OF ORIGIN : KOREA CIP LONDON AIRPORT FREIGHT PREPAID
1	18,000	K				224.64	

Prepaid	Weight Carge	Collect	Other Charges
224.64			FSC USD 9.00 EAA USD 20.00
	Valuation Charge		AWA USD 20.00 MZA USD 20.00 CHA USD 40.00 SOA USD 10.00
	Tax		
110.00	Total Other Charges Due Agent		Shipper certifies that the particulars on the face hereof are correct and that insofar as any part of the consignment contains dangerous goods, such part is properly described by name and is in proper condition for carriage by air according to the applicable Dangerous Goods Regulations.
9.00	Total Other Charges Due Carrier		HOPE CARGO LTD AS AGENT FOR CARRIER KOREAN AIR Signature of Shipper or his Agent
Total Prepaid 343.64		Total Collect	21/02/2020 FRANKFURT H. SCHMACHER Executed on(date) at(place) Signature of Issuing Carrier or its Agent
Currency Conversion Rates		CC Charges In Dest. Currenc7y	
For Carrier's Use Only at Destination		Charges at Destination	Total Collect Charges

123 4567 8910

수입 실전사례

사례 1

인터넷무역거래알선사이트에서 해외공급처를 찾아내 수입한 경우

P씨는 인터넷쇼핑몰을 통해 애견용품을 판매하던 중 외국산 애견용품을 수입해서 판매하는 업체와의 경쟁에서 밀리자 자신도 외국산 제품을 수입해서 팔기로 하고 무역회사에 다니는 친구에게 조언을 구했다. 친구는 해외공급업체를 찾을 수 있는 다양한 방법에 대해 설명해주면서 그중에서도 인터넷무역거래알선사이트를 이용하는 것이 가장 빠르고 손쉬운 방법이라고 조언해주었다.

P씨는 친구가 알려준 인터넷무역거래알선사이트에 접속해서 애견용품을 취급하는 업체들에 관한 정보를 꼼꼼히 살펴본 후 아이디어가 돋보이는 중국업체를 선택하여 다음과 같은 메일을 보냈다.

We are interested in your products posted on Alibaba.

As a company specialized in pet supplies in Korea, we would like to study a possibility for us to introduce your products in our market. So please send us your catalogue and export price list with the maximum discount you can allow.

We look forward to working with you in the near future.

중국업체는 바로 다음과 같은 답장을 보내왔다.

Thank you for your email and for your kind interest in our products.

We are pleased to enclose our catalogue and export price list as per your request.

Please advise us if you need any further information on our company and our products.

P씨는 친구의 조언에 따라 우선 무역협회사이트에서 제공하는 품목별수출입요령을 통해서 해당 품목 수입 시 별다른 규제가 없음을 확인하고, 일단 시장의 반응을 알아보기 위해 시험오더를 발주하기로 결심하고 다음과 같은 이메일을 발송하였다.

As a result of our careful study of your catalogue and price list, we decided to place a trial order of your products as follows. Please send us proforma invoice.

Description/Item No	Quantity
Pet Supplies I-001	500 Ea
Pet Supplies I-002	300 Ea
Pet Supplies I-003	300 Ea
Pet Supplies I-004	500 Ea

중국업체에서는 Proforma Invoice를 보내왔다. Proforma Invoice를 살펴본 P씨는 다른 조건들은 문제가 없었지만 물품대금을 받고 물건을 선적한다는 것이 마음에 걸렸다. 1만 달러가 넘는 금액을 보냈다가 중국업체에서 물건을 싣지 않으면 어디다 하소연할 데가 없는 상황이었다. P씨는 궁리 끝에 다음과 같은 메일을 발송했다.

Thanks for your email enclosing proforma invoice. We found that you require the payment to be sent by T/T in advance, but we would like to pay by L/C considering that it is our first business.

다음 날 중국업체에서 결제방식을 L/C로 바꾼 Proforma Invoice를 보내왔다. P씨는 Proforma Invoice를 접수하자마자 즉시 거래은행에 가서 신용장을 개설해달라고 했으나 은행에서는 신용장을 개설하려면 사전에 외환거래약정을 맺고 신용장을 개설할 때마다 별도의 신용장개설신청서를 제출해야 한다고 했다.

SHANGHAI CORPORATION
① Manufacturers, Expoters & Importers
123, China Street Shanghai, China

PROFORMA INVOICE

② Messrs. SEOUL CORPORATION
432, KANGNAMDAE-RO
SEOUL, KOREA

③ Invoice No. SI-0115
④ Date. JANUARY 15, 2020

⑤ Description	⑥ Quantity	⑦ Unit Price	⑧ Amount
	⑨ FOB SHANGHAI		
PET SUPPLIES I-001	500 EA	US$15.20	US$7,600.00
PET SUPPLIES I-002	300 EA	US$26.00	US$7,800.00
PET SUPPLIES I-003	300 EA	US$30.60	US$9,180.00
PET SUPPLIES I-004	500 EA	US$17.50	US$8,750.00
TOTAL	1,600 EA		US$33,330.00
*******************************	**************	**************	**************

⑩ Packing : EXPORT STANDARD
⑪ Shipping Port : SHANGHAI, CHINA
⑫ Destination : BUSAN, KOREA
⑬ Shipment : WITHIN ONE MONTH AFTER RECEIPT OF L/C
⑭ Payment : BY AN IRREVOCABLE L/C AT SIGHT

Very truly yours,
⑮ SHANGHAI CORPORATION

신용장을 개설하는 은행의 입장에서 보면 수입자 대신 수출자에게 대금지급을 약속해야 하므로 수입자의 신용상태에 따라 담보 등을 확보하고 외환거래약정을 맺어야만 신용장개설이 가능하다는 것이었다. 거래은행과 외환거래약정을 맺은 후 수출자와 신용장방식의 거래에 합의하는 것이 순서인데 P씨는 일을 거꾸로 한 셈이었다.

다행히 거래은행에서는 P씨의 그간의 거래실적 등을 감안하여 외환거래약정을 맺고 신용장을 개설해주기로 하고 P씨에게 신용장개설신청서를 제출하라고 했다. P씨는 거래은행의 양식에 맞추어 다음과 같은 신용장개설신청서를 작성해서 제출했다.

① **Seoul Bank**
123, Namdaemun-Ro
Seoul, Korea

③ IRREVOCABLE DOCUMENTARY CREDIT

④ Credit No. (Issuing Branch's No)

② Place and date of issue

⑤ Date and place of expiry
MARCH 10, 2020 SHANGHAI

⑥ Applicant
SEOUL CORPORATION
432, GANGNAMDAE-RO
SEOUL, KOREA

⑦ Beneficiary
SHANGHAI CORPORATION
123, SHANGHAI STREET
SHANGHAI, CHINA

⑧ Advising Bank
SHANGHAI BANK

⑨ Amount
USD33,330.00

⑫ Partial Shipments
☑ allowed
☐ not allowed

⑬ Transshipment
☑ allowed
☐ not allowed

⑩ Credit available with ANY BANK BY NEGOTIATION

⑪ and your drafts (☑ at sight / ☐ at days)
drawn on US for full invoice value of goods

⑭ Shipping Port SHANGHAI, CHINA
Destination BUSAN, KOREA

⑮ Latest date of shipment FEBRUARY 28, 2020

⑯ Documents required
☑ Invoice(s) in quadruplicate
☑ Packing list in quadruplicate
☑ Full set orignal clean "On Board" bills of lading made out to the order of New York Bank
marked "Freight ☐ Prepaid / ☐ Collect" and "Notify
☐ Original air waybill marked "for the consignor "signed by the carrier or his agent.
marked "Freight ☐ Prepaid / ☑ Collect" and "Notify
☐ Marine/ ☐ Air Insurance Policy or Certificate for full CIF value plus 10% covering ☐ Institute Cargo Clauses(A)/
☐ Institute Cargo Clauses(Air), Institute War Clause(☐ Cargo / ☐ Air Cargo) and Institute Strikes Clauses(☐ Cargo /
☐ Air Cargo).
☑ Certificate of Origin

⑰ Description of Goods 1,600 EA OF PET SUPPLIES

⑱ Documents to be presented within 7 days after the date of issuance of the shipping document(s) but within the validity of the credit

⑲ Special conditions

We hereby issue this irrevocable documentary credit in your favour which, except so far as otherwise expressly stated, is subject to uniform customs and practice for documentary credits(2007 Revision) International chamber of commerce Publication No. 600

☐ We hereby engage that payment will be duly made against presentation of documents which conform with the terms of this credit.

☐ We hereby engage that drafts drawn in conformity with the terms of this credit will be duly accepted on presentation and duly honoured at maturity.

☐ We hereby engage with drawers and/or bona fide holders that drafts drawn and negotiated in conformity with the terms of this credit will be duly honored on presentation.

so long as there has been strict compliance with all the terms and conditions(including special conditions) of this credit, save to the extent that the same have been amended in writing and signed on our behalf
Documentary evidence will be required of compliance with all Conditions of this credit
This document consists of one signed pages.
8765 7654

Important Notice To Beneficiary :
We cannot make any alterations to this credit without opener's authority. Should any of its terms or conditions be unclear or unacceptable.
the beneficiary of this credit must contract the opener directly.
We shall insist on strict compliance with all the terms and conditions of this credit unless and until they have been formally amended in writing signed on our behalf or by this credit is not entitled to rely on communications or discussions with us. the advising bank or the opener as in any way amending this credit.

Advising Bank's notification

Place, date, name and signature of the Advising Bank.

P씨는 신용장개설신청서 내용대로 신용장이 개설되었음을 확인하고 중국업체에 다음과 같은 메일을 보냈다.

> We are pleased to inform you that the L/C has been opened as follows :
>
> | | |
> |---|---|
> | L/C Number | : M20B210NS00612 |
> | Amount | : US$33,330.00 |
> | Opening Bank | : Seoul Bank, Seoul |
> | Advising Bank | : Shanghai Bank, China |
> | Latest shipment date | : February 28, 2020 |
> | Expiry date | : March 10, 2020 |
>
> Please start preparation of our order and advise us as soon as shipping schedule is available.

중국업체에서는 아무런 연락이 없다가 최종선적기일을 며칠 앞두고 다음과 같은 메일을 보내왔다.

> We regret to inform you that production of your order is being delayed owing to an unexpected problem in our production line. In this connection, please kindly extend latest shipment date and expiry date of your L/C by two weeks respectively.

P씨는 거래은행의 담당자에게 이런 경우 어떻게 해야 하는지 물었다. 담당자는 신용장은 한번 개설되면 당사자 전원의 합의가 없으면 취소되지 않지만, 개별조항별로는 조건변경(Amend)이 가능하다고 했

다. P씨는 담당자의 조언에 따라 최종선적기일(Latest Date of Shipment)과 유효기일(Expiry Date)의 연장을 요청하는 신용장조건변경신청서(Application for L/C Amendment)를 개설은행에 제출하였다.

P씨는 여기까지의 진행상황을 친구에게 브리핑하고 수입자로서 더 챙겨야 할 일이 무엇인지 물었다. 친구는 거래조건이 FOB이므로 수입자가 적하보험에 가입해야 한다며 거래하는 보험회사의 연락처를 알려주었다.

P씨는 서둘러 적하보험에 가입하고 중국업체의 연락을 기다렸다. 연장된 선적기일을 며칠 앞두고 중국업체는 다음과 같은 메일을 보내왔다.

> We are pleased to inform you that your order will be shipped on the vessel 'HUYUNDAI XIAMEN 631E' that will depart from Shanghai on March 10, 2020 and arrive in Busan on March 13, 2020.
>
> Attached please find copies of shipping documents.

메일에는 다음과 같은 선적서류 사본이 첨부되어 있었다.

Bill of Lading

① Shipper/Exporter SHANGHAI CORPORATION 123, CHINA STREET SHNAGHAI, CHINA		⑪ B/L No. ; HONEST12345678
② Consignee TO THE ORDER OF SEOUL BANK		
③ Notify Party SEOUL CORPORATION 431, GANGNAMDAE-RO SEOUL, KOREA		
Pre-Carriage by	⑥ Place of Receipt SHANGHAI CY	
④ Ocean Vessel HYUNDAI XIAMEN	⑦ Voyage No. 631E	⑫ Flag CHINA

⑤ Port of Loading	⑧ Port of Discharge	⑨ Place of Delivery	⑩ Final Destination(For the Merchant Ref.)
SHANGHAI, CHINA	BUSAN, KOREA	BUSAN CY	

⑬ Container No.	⑭ Seal No. Marks & No	⑮ No. & Kinds of Containers or Packages	⑯ Description of Goods	⑰ Gross Weight	⑱ Measurement
TEXU0182	N/M	16 PKGS	PET SUPPLIES 1,600 EA FREIGHT COLLECT	213 KGS	3,121 CBM

⑲ Freight and Charges	⑳ Revenue tons	㉑ Rate	㉒ Per	㉓ Prepaid	㉔ Collect

㉕ Freight prepaid at	㉖ Freight payable at	㉘ Place and Date of Issue MARCH 10, 2020 SHANGHAI Signature
Total prepaid in	㉗ No. of original B/L	
㉙ Laden on board vessel Signature MARCH 10, 2020 SHANGHAI		㉚ HONEST Shipping Co. Ltd. as agent for a carrier, RICH Liner Ltd.

COMMERCIAL INVOICE

<table>
<tr><td colspan="2">① Shipper/Exporter
SHANGHAI CORPORATION
123, CHINA STREET
SHANGHAI, CHINA</td><td colspan="3">⑧ No. & date of invoice
YC-0215, MARCH 8, 2020

⑨ No. & date of L/C
M20B210NS00612, FEB 1, 2020</td></tr>
<tr><td colspan="2">② Buyer/Applicant
SEOUL CORPORATION
432, GANGANMDAE-RO
SEOUL, KOREA</td><td colspan="3">⑩ L/C issuing Bank
SEOUL BANK, SEOUL</td></tr>
<tr><td colspan="2">③ Notify party
SAME AS ABOVE</td><td colspan="3" rowspan="3">⑪ Remarks</td></tr>
<tr><td>④ Port of loading
SHANGHAI,
CHINA</td><td>⑤ Final destination
BUSAN, KOREA</td></tr>
<tr><td>⑥ Carrier
HYUNDAI
XIAMEN</td><td>⑦ Sailing on or about
MARCH 10, 2020</td></tr>
</table>

⑫ Marks and no. of pkgs	⑬ Description of goods	⑭ Quantity	⑮ Unit price	⑯ Amount
SEOUL CORP	PET SUPPLIES		FOB SHANGHAI	
BUSAN	I-001	500 EA	US$15.20	US$7,600.00
C/NO 1-16	I-002	300 EA	US$26.00	US$7,800.00
ITEM NO:	I-003	300 EA	US$30.60	US$9,180.00
	I-004	500 EA	US$17.50	US$8,750.00
	TOTAL	1,600 EA		US$33,330.00

Signed by ______________________

PACKING LIST

① Shipper/Exporter SHANGHAI CORPORATION 123, CHINA STREET SHANGHA, CHINA	⑧ No. & date of invoice SC-0215, MARCH 8, 2020
② Buyer/Applicant SEOUL CORPORATION 432, GANGNAMDAE-RO SEOUL, KOREA	⑨ Remarks
③ Notify party SAME AS ABOVE	
④ Port of loading SHANGHAI, CHINA / ⑤ Final destination BUSAN, KOREA	
⑥ Carrier HYUNDAI XIAMEN / ⑦ Sailing on or about MARCH 10, 2020	

⑩ Marks and no. of pkgs	⑪ Description of goods		⑫ Quantity	⑬ Net weight	⑭ Gross weight	⑮ Measurement
SEOUL CORP	PET SUPPLIES		1,600 EA	201 KGS	213 KGS	3,121 CBM
BUSAN	C/NO 1-5	I-001				
C/NO 1-16	C/NO 6-8	I-002				
ITEM NO:	C/NO 9-11	I-003				
	C/NO 12-16	I-004				

Signed by ____________________

P씨는 중국업체에서 보내온 선적서류 사본을 포워더에게 넘겨주고 물건을 찾아달라고 했으나 포워더가 난색을 표시했다. 선박회사로부터 물건을 찾으려면 B/L 원본이 있어야 한다는 것이었다. 중국업체에 문의했더니 신용장 조건에 의거 B/L 원본을 현지은행에 제출했으며 현지은행에서 B/L 원본을 포함한 선적서류를 개설은행으로 발송했으니 며칠 후 도착할 거라고 했다.

중국과 같은 인근국가와의 거래에서 물건보다 B/L 원본이 늦게 도착함으로써 은행을 통해 서류가 도착할 때까지 물건을 찾을 수 없는 상황이 벌어진 것이다. P씨는 무역경험이 많은 친구에게 이런 경우 어떻게 해야 하는지를 물었다.

친구는 개설은행으로부터 L/G를 받아 선박회사에 제출하고 물건을 찾을 수 있다고 했다. 친구의 설명에 따르면 L/G는 Letter of Guarantee의 약자로 수입자와 신용장개설은행이 연대하여 선박회사앞으로 발행하는 일종의 보증서이며, 선하증권 원본이 도착하는 대로 이를 제출할 것과 선하증권 원본 없이 물건을 인도받는 데 따른 모든 문제에 대해 선박회사에게 책임을 지우지 않겠다는 내용으로 작성한다고 했다. 친구는 인근국가 간의 신용장방식 거래에서 서류보다 물건이 먼저 도착함으로써 수입자가 물건을 제때 인수할 수 없을 때 L/G를 사용한다는 설명을 덧붙였다.

P씨는 친구의 조언에 따라 다음과 같은 L/G를 준비해서 포워더에게 전달했다.

LETTER OF GUARANTEE

Date : March 14, 2020

<table>
<tr><td rowspan="2">① Shipping Co.
HYUNDAI SHIPPING COMPANY</td><td>⑥ Number of Credit
M20B210NS00612</td><td>⑦ L/G No
78932</td></tr>
<tr><td>⑧ Number of B/L</td><td>HONEST12345678</td></tr>
<tr><td rowspan="3">② Shipper
SHANGHAI CORPORATION
123, CHINA STREET
SHANGHA, CHINA</td><td>⑨ Vessel Name</td><td>HYUNDAI XIAMEN</td></tr>
<tr><td>⑩ Arrival Date</td><td>MARCH 13, 2020</td></tr>
<tr><td>⑪ Voyage No.</td><td>631E</td></tr>
<tr><td rowspan="2">③ Invoice Value
US$33.330.00</td><td>⑫ Port of Loading</td><td>SHANGHAI, CHINA</td></tr>
<tr><td>⑬ Port of Discharge</td><td>BUSAN, KOREA</td></tr>
</table>

④ Nos. & Marks	⑤ Packages	⑭ Description of Goods
SEOUL CORP BUSAN C/NO 1-16 ITEM NO :	16 PKGS	1,600 EA OF PET SUPPLIES

In consideration of your granting us delivery of the above mentioned cargo which we declare has been shipped to our consignment, but Bills of Lading of which have not been received, we hereby engage to deliver you the said Bills of Lading as soon as we receive them and we further guarantee to indemnify yourselves and / or the owners of the said vessel against any claims that may be made by other parties on account of the aforesaid cargo, and to pay to you on demand any freight or other charges that may be due here or that may have remained unpaid at the port of shipment in respect to the above-mentioned goods.

In the event of the Bills of Lading for the cargo herein mentioned being hypothecated to any other bank, company, firm or person, we further guarantee to hold you harmless from all consequences what so ever arising therefrom and furthermore undertake to inform you immediately in the event of the Bills of Lading being so hypothecated.

Yours faithfully

____

Party claiming right of delivery

We hereby guarantee to surrender to you the corresponding Bills of Lading. Kindly be advised that this guarantee shall be automatically null and void upon your acknowledging receipt of the corresponding Bills of Lading which are to be endorsed and presented to you by bank for the only purpose of the redemption of this letter of guarantee.

____

Authorized Signature

Bank.

포워더는 선박회사에 L/G를 제출하는 한편 제휴한 관세사로 하여금 수입통관절차를 밟도록 한 후 P씨가 지정한 장소까지 물건을 운송해주었다.

P씨는 실제로 직접 수입하는 과정에서 몇 가지 난관에 부딪히긴 했지만 친구를 비롯해서 거래은행, 포워더, 관세사 등의 도움을 받아 무사히 물건을 인수하자 직접 수입에 대한 막연한 불안감을 떨쳐버릴 수 있었다. 자신감이 생긴 P씨는 지속적으로 새로운 공급처를 개발하고 수입 아이템을 다변화해서 애견용품종합수입업체로 발돋움하게 되었다.

— **사례 2**

박람회에서 해외공급처를 개발해서 수입한 경우

A씨는 사무용기기 전문판매상으로 오랫동안 국산사무기기 판매에 열중하다가 국내시장에 아직 선보이지 않은 외국산 사무기 중 사무자동화에 기여할 수 있는 좋은 제품들이 많다는 정보를 입수하였다. A씨는 직접 외국산 제품을 살펴보기 위해서 세계적으로 명성이 높은 하노버 국제정보통신박람회를 참관하기로 했다.

박람회장에 전시된 각국 제품을 둘러보다가 독일회사에서 전시 중인 최첨단 사무기가 눈에 띄었다. A씨는 즉석상담에서 아직 한국을 비롯한 동남아시장에는 선보이지 않은 최신 제품임을 확인하고 제품의 구체적인 사양과 용도 등에 대해 자세한 설명을 들은 후 자신에게 한국시장에 대한 독점판매권을 달라고 요청하였다.

독일회사에서는 A씨가 오랫동안 한국시장에서 사무기기 판매업을 하고 있음을 확인한 후 일 년 동안 임시로 독점권을 부여해주기로 하고 A씨에게 조속한 시일 내에 시험오더를 발주할 것을 요청하였다.

한국에 돌아온 A씨는 간단한 시장조사를 통해 독일회사 제품이 워낙 신제품이라 아직 시장에 알려지지 않아 소비자들에게 제품을 홍보하기 위해서는 상당한 시간과 투자가 필요하지만 장기적으로 유망한 아이템임을 확인하고 다음과 같이 시험오더를 발주하였다.

It was nice meeting with you in Hanover. We are pleased to place our trial order as follow. Please issue your proforma invoice.

Description	Quantity
Office Machine I-002	10 units
Office Machine I-005	10 units

다음 날 아침 독일회사로부터 온 메일에는 다음과 같은 Proforma Invoice가 첨부되어 있었다.

GUTEN MORGEN GmbH
① Manufacturers, Expoters & Importers
1245, Frankfurt, Germany

PROFORMA INVOICE

② Messrs. ACE CORPORATION
501 GARDEN TOWER
SEOUL, KOREA

③ Invoice No. GI-0205
④ Date. FEBRUARY 5, 2020

⑤ Description	⑥ Quantity	⑦ Unit Price	⑧ Amount
	⑨ CIP INCHEON AIRPORT		
OFFICE MACHINE I-002	10 UNITS	US$1,500.00	US$15,000.00
OFFICE MACHINE I-005	10 UNITS	US$1,650.00	US$16,500.00
TOTAL	20 UNITS		US$31,500.00

⑩ Packing : EXPORT STANDARD
⑪ Shipping Airport : FRANKFURT AIRPORT, GERMANY
⑫ Destination : INCHEON AIRPORT, KOREA
⑬ Shipment : WITHIN ONE WEEK AFTER RECEIPT OF T/T
⑭ Payment : BY T/T IN ADVANCE TO FOLLOWING ACCOUNT :
BANK : FRANKFURT BANK
ACCOUNT NUMBER : 123-4546-321
ACCOUNT NAME : GUTEN MORGEN GMBH, GERMANY

Very truly yours,
⑮ GUTEN MORGEN GmbH

Proforma Invoice를 살펴본 A씨는 첫 거래부터 물품대금 전액을 사전송금하는 데 동의할 수 없었다. A씨는 독일업체에 다음과 같은 메일을 보냈다.

> Thanks for your email enclosing profroma invoice. Regarding payment, we would like to pay by L/C instead of T/T in advance. Please confirm if you can accept payment by L/C at sight.

독일업체에서는 다음과 같은 답신을 보내왔다.

> It is not convenient for us to work with L/C. So please check if you can accept payment to be made in two parts; 50 % in advance and another 50% after receipt of goods.

P씨는 50%를 사전송금하는 것에 대한 불안감이 여전했지만 첫 번째 거래임을 감안하여 독일업체의 제안을 받아들이기로 하고 다음과 같은 메일을 보냈다.

> We are pleased to accept your proposed payment terms. Please revise your proforma invoice correcting payment terms.

독일업체에서는 바로 수정한 Proforma Invoice를 보내주었다. A씨는 독일업체 계좌로 대금을 송금하고 다음과 같은 메일을 보냈다.

We sent US$15,750.00 to your account. Please confirm receipt of the payment and advise us as soon as the goods are shipped out. The balance amount will be sent as soon as we receive the goods as agreed.

며칠 후 독일업체에서 다음과 같은 메일이 도착했다.

Your order will arrive in Incheon Airport at 23:05hrs on February 21via KE-010. Attached please find copies of shipping documents.

메일에는 다음과 같은 선적서류 사본이 첨부되어 있었다.

Shipper's Name and Address	Shipper's Account Number	Not negotiable **Air Waybill** *issued by* KOREAN AIR
GUTEN MORGEN GMBH 1245, FRANKFURT GERMANY		Copies 1, 2 and 3 of this Air Waybil are originals and have the same validity.
Consignee's Name and Address ACE CORPORATION 501 GARDEN TOWER SEOUL, KOREA	Consignee's Account Number	It is agreed that the goods described herein are accepted in apparent good order and condition (except as noted) for carriage SUBJECT TO THE CONDITIONS OF CONTRACT ON THE REVERSE HEREOF. THE SHIPPER'S ATTENTION IS DRAWN TO THE NOTICE CONCERNING CARRIER'S LIMITATION OF LIABILITY. Shipper may increase such limitation of liability by declaring a higher value for carriage and paying a supplemental charge if required.
Telephone :		
Issuing Carrier's Agent Name and City HONEST CARGO LTD		20 UNITS OF OFFICE MACHINE COUNTRY OF ORIGIN : GERMANY CIP INCHEON AIRPORT FREIGHT PREPAID
Agent's IATA Code 57193220011	Account No. 57193220011	
Airport of Departure(Addr. of First Carrier) and Requested Routing FRANKFURT AIRPORT		

TO	By First Carrier	Routing and Destination	to	by	to	by	Currency	CHGS Code	WT/VAL PPD PP	WT/VAL COLL	Other PPD PP	Other COLL	Declared Value for Carriage	Declared Value for Customs
NY	KOREAN AIR						USD						N.V.D.	N.C.V.

Airport of Destination	Flight/Date	For Carrier Use Only	Flight/Date	Amount of Insurance	INSURANCE-If Carrier offers Insurance, and such insurance is requested in accordance with conditions on reverse hereof, indicate amount to be insured in figures in box marked 'amount of Insurance'.
INCHEON AIRPORT				NIHILL	

Handing Information

No. of Pieces RCP	Gross Weight	kg lb	Rate Class / Commodity item No.	Chargeable Weight	Rate / Charge	Total	Nature and Quantity of Goods (incl. Dimensions or Volume)
1	18,000	K		18.0	12.48	224.64	20 UNITS OF TESTING EQUIPMENT COUNTRY OF ORIGIN : KOREA CIP LONDON AIRPORT FREIGHT PREPAID
1	18,000	K				224.64	

Prepaid	Weight Carge	Collect	Other Charges
224.64			FSC USD 9.00 EAA USD 20.00
	Vaiuation Charge		AWA USD 20.00 MZA USD 20.00 CHA USD 40.00 SOA USD 10.00
	Tax		
	Total Other Charges Due Agent		Shipper certifies that the particulars on the face hereof are correct and that insofar as any part of the consignment contains dangerous goods, such part is properly described by name and is in proper condition for carriage by air according to the applicable Dangerous Goods Regulations.
110.00			
	Total Other Charges Due Carrier		HOPE CARGO LTD AS AGENT FOR CARRIER KOREAN AIR
9.00			Signature of Shipper or his Agent
Total Prepaid		Total Collect	20/02/2020 FRANKFURT H. SCHMACHER
343.64			Executed on(date) at(place) Signature of Issuing Carrier or its Agent
Currency Conversion Rates		CC Charges In Dest. Currenc7y	
For Carrier's Use Only at Destination		Charges at Destination	Total Collect Charges

123 4567 8910

COMMERCIAL INVOICE

① Shipper/Exporter GUTEN MORGEN GMBH 1245 FRANKFURT GERMANY		⑧ No. & date of invoice GI-0215, FEBRUARY 15, 2020 ⑨ No. & date of L/C
② Buyer/Applicant ACE CORPORATION 501, GARDEN TOWER SEOUL, KOREA		⑩ L/C issuing bank
③ Notify party SAME AS ABOVE		⑪ Remarks
④ Port of loading FRANKFURT AIRPORT, GERMANY	⑤ Final destination INCHEON AIRPORT, KOREA	
⑥ Carrier KE-010	⑦ Sailing on or about FEBRUARY 20, 2020	

⑫ Marks and no. of pkgs	⑬ Description of goods	⑭ Quantity	⑮ Unit price	⑯ Amount
ACE	OFFICE SYSTEMS		CIP INCHEON AIRPORT	
INCHEON	I-002	10 UNITS	US$1,500.00	US$15,000.00
C/NO 1-20	I-005	10 UNITS	US$1,650.00	US$16,500.00
ITEM NO:				
	TOTAL	20 UNITS		US$31,500.00

Signed by ______________________

PACKING LIST

① Shipper/Exporter GUTEN MORGEN GMBH 1245 FRANKFURT GERMANY		⑧ No. & date of invoice GI-0215, FEBRUARY 15, 2020
② Buyer/Applicant ACE CORPORATION 501, GARDEN TOWER SEOUL, KOREA		⑨ Remarks
③ Notify party SAME AS ABOVE		
④ Port of loading FRANKFURT AIRPORT, GERMANY	⑤ Final destination INCHEON AIRPORT, KOREA	
⑥ Carrier KE-010	⑦ Sailing on or about FEBRUARY 20, 2020	

⑩ Marks and no. of pkgs	⑪ Description of goods	⑫ Quantity	⑬ Net weight	⑭ Gross weight	⑮ Measurement
ACE INCHEON C/NO 1-20 ITEM NO:	OFFICE MACHINE C/NO 1-10 I-002 C/NO 11-20 I-005	20 UNITS	285 KGS	313 KGS	2,125 CBM

Signed by ____________________

선적서류 사본을 포워더와 관세사에게 전달하고 물건이 도착하기만을 기다리던 A씨에게 청천벽력 같은 소식이 날아들었다. 수입한 물건이 전기용품안전관리법에서 규정한 안전인증대상 전기용품에 해당되어 사전에 안전인증을 받아야만 통관이 가능하다는 것이었다. 오더를 발주하기 전에 품목별수출입요령을 확인하지 않은 것이 불찰이었다. 이미 도착한 물건을 안전인증을 받을 때까지 보세창고에 보관하려면 엄청난 창고비를 부담해야 하고 만에 하나 안전인증을 받지 못하면 물건을 반송해야 하는데 독일업체에서 반송에 동의하지 않을 경우 문제가 커질 수밖에 없었다.

난감해하는 A씨에게 관세사는 한 가지 해결방법을 알려주었다. 국가 간 상호인정협정에 따라 외국의 안전인증기관에서 안전인증을 받은 경우에는 전기용품안전인증을 면제받을 수 있다는 것이었다. A씨는 즉시 독일업체에 문의한 결과 다행히 독일업체가 현지에서 안전인증을 받은 사실이 확인되어 전기용품안전인증면제신청서를 제출함으로써 문제를 해결할 수 있었다.

한숨을 돌리고 있던 A씨에게 관세사는 또 한 가지 문제를 제기했다. A씨가 수입한 물건이 한-EU FTA 협약에 따라 인하된 관세율을 적용받을 수 있으나 그러기 위해서는 FTA 원산지증명서가 있어야 한다는 것이었다. A씨가 사전에 FTA 원산지증명서를 챙기지 못한 것을 자책하자 관세사는 한-EU FTA의 경우 수출자가 원산지증명서를 발급하는 자율발급방식이 적용되기 때문에 수출자가 작성한 Commercial Invoice에 다음과 같은 문구를 추가하면 원산지증명서로 인정받을 수 있다고 했다.

> The exporter of the products covered by this documents(customs authorization no....) declares that, except where otherwise clearly indicated, these products are of... preferential origin.

이번에도 다행히 독일업체에서 상기한 문구를 추가한 Commercial Invoice를 보내줘서 문제를 해결할 수 있었다. A씨는 이번 수입 건을 통해 물건을 수입하기 전 관세사와 긴밀히 연락해서 품목별수출입요령을 확인하고 사전에 준비할 서류나 절차가 있는지를 꼼꼼하게 살펴보아야 한다는 교훈을 얻었다.

이상에서 살펴본 바와 같이 실제로 물건을 수출하거나 수입하는 데 사용되는 용어나 절차는 그다지 복잡하지 않다. 물론 품목이나 시장, 거래형태 등에 따라서 좀 더 복잡한 절차를 거쳐야 하는 경우도 있지만 대부분 일반적인 무역거래는 앞서 소개한 사례의 틀에서 크게 벗어나지 않는다. 실제 무역업무에서 사용하는 영어 또한 일정한 틀에서 많이 벗어나지 않는다는 점도 주목할 필요가 있다.

실제로 무역거래를 할 때 무역거래당사자가 처리해야 할 업무가 생각보다 복잡하지 않은 것은 앞서도 여러 번 언급했듯이 무역업무 중에서도 비교적 복잡하고 어려운 것으로 여겨지는 운송, 통관, 보험 등의 제반 업무를 직접 챙길 필요 없이 포워더와 관세사, 보험회사에 일임하면 되기 때문이다.

이제까지 스스로 무역거래를 하기 위해 꼭 알아두어야 할 용어와 절차 등에 관해서 설명하였지만 아직도 이 정도의 용어나 절차만으로는 뭔가 부족하다고 생각하는 독자들이 있을 수 있다. 그런 독자들을 위해 무역실무 책에 나오는 무역용어들을 주제별로 분류하여 부록으로 수록하였다.

다시 한번 강조하지만 무역실무 책에 나오는 용어나 절차 중 상당 부문은 일반적인 무역거래와는 상관없거나 무역업체에서 직접 처리하지 않는 업무와 관련된 것들이다. 그러므로 미리 무역실무 책에 나오는 용어나 절차를 완벽하게 공부한 후 업무에 나서기보다는 앞서 소개한 기본적인 용어와 절차를 숙지하고 업무를 시작한 후 혹시 모르는 용어나 절차가 나오면 그때 가서 부록으로 수록해놓은 주제별 무역용어를 참조하는 방식으로 활용하기 바란다.

이 책에 있는 설명만으로 부족하거나 특수한 상황에 대한 보다 전문적인 조언이 필요하다면 무역협회에서 운영하는 무역상담실을 이용할 것을 권한다. 무역의 분야별로 전문가들이 직접상담은 물론 전화나 인터넷을 통한 상담에도 응해주므로 구체적인 사안에 대한 명확한 해답을 구할 수 있다.

6장

초보자를 위한 어드바이스

실무에 도움이 되는 상식

무역업을 하기 위한 절차

2000년 1월 1일자로 무역업이 완전 자유화됨에 따라 사업자등록증만 있으면 누구나 자유롭게 무역업을 할 수 있게 되었다. 무역업이 자유화되기 전에는 한국무역협회에 신고해야 무역업을 할 수 있었지만 이제는 한국무역협회에 가입하지 않아도 무역업을 하는 데 아무런 제약이 없다.

다만 무역통계작성 등의 목적으로 정부에서 한국무역협회에 위임하여 무역업고유번호를 부여하도록 하고 있다. 무역업고유번호는 한국무역협회 회원으로 가입하는 것과 상관없이 사업자등록증만 있으면 받을 수 있다.

사업자등록증은 사업장을 관할하는 세무서에서 발급받을 수 있다. 사업장을 임차한 경우에는 사업장 임대차계약서를 제출해야 한다.

수출업무보다 수입업무가 쉽다

무역은 수출과 수입으로 나누어 생각할 수 있는데 수출 쪽을 좀 더 쉽게 생각하는 경향이 있다. 수출은 주변에서 흔히 볼 수 있는 물건을 외국에 내다 팔면 된다고 쉽게 생각하면서도 수입은 왠지 절차도 까다롭고 복잡해서 손을 대기가 쉽지 않을 것 같은 생각이 들기 때문이다.

하지만 실제로 업무를 처리해보면 수입업무가 수출업무보다 훨씬 쉽다는 것을 깨닫게 된다. 우선 수출을 하기 위해서는 외국에 있는 바이어를 잡아야 하는데 이것이 생각처럼 쉬운 일이 아니다. 바이어에 대한 자료야 인터넷무역거래알선사이트 등을 통해 쉽게 얻을 수 있지만 문제는 믿고 거래할 만한 바이어를 만나기가 쉽지 않다는 것이다. 믿을 만하고 구매력이 있는 바이어라면 이미 다른 거래처와 연결되어 있을 확률이 높기 때문이다.

거래처를 개발하는 데 소요되는 비용만 놓고 보더라도 수출하기 위해서는 카탈로그를 제작하거나 샘플을 보내는 데 만만치 않은 초기 비용을 감수해야 하지만 수입의 경우에는 해외공급업체에서 필요한 자료를 보내오기 때문에 별도 비용을 들이지 않고도 거래처를 개발할 수 있다.

무역거래에 따르는 서류를 작성하는 것도 수출이 훨씬 불리하다. 수출자는 Proforma Invoice, Commercial Invoice, Packing List 등과 같은 기본적인 선적서류는 물론이고 아이템이나 거래국가에 따라 추가로 요청하는 갖가지 증명서를 준비해야 하지만 수입자는 신용장방식의 거래일 경우 작성하는 신용장개설신청서 외에는 별도로 준비할 서류가 없다. 통관이나 국내운송과 같은 업무는 관세사나 포워더가 대행해주기 때문에 그야말로 돈만 준비하면 별다른 신경을 쓰지 않아도 원하는 장소에서 물건을 받아볼 수 있다.

물론 수입한 물건을 국내에서 파는 과정에서 어려움은 각오해야 하지만 단순히 수출입에 따르는 업무만을 비교해본다면 수입업무가 수출업무보다 훨씬 더 쉽다는 결론에 도달한다.

새롭고 특이한 상품일수록 시장개척이 힘들다

새로 무역에 입문한 사람들이 빠지기 쉬운 함정 중 하나가 이왕이면 남들이 취급하는 아이템과는 뭔가 색다르고 특이한 아이템으로 승부를 거는 것이 유리하다고 생각하는 것이다. 일반적인 상품의 경우 먼저 시작한 사람들이 시장을 장악하고 있으므로 무언가 색다른 아이템으로 승부를 걸어야 한다고 생각한다. 하지만 생각처럼 일이 잘 풀리는 것만은 아니다.

새롭고 특이하다고 판단한 아이디어가 실제로는 그다지 새로운 아이디어가 아닐 가능성이 있으며, 설사 아주 획기적인 상품이라도 해당 물건을 판매할 능력이나 자본이 부족해서 실제 판매실적으로 연결하지 못하는 경우도 허다하다. 아이디어 상품의 경우 일단 소비자에게 알려야 하기 때문에 판매 초기에 홍보가 중요한데 이때 들어가는 비용을 감당하지 못해서 실패하는 경우도 많다.

따라서 정답은 없지만 새로 시작할수록 일반적인 아이템 중에서 시장이 그리 크지 않은 상품을 가지고 시작하는 것이 좋다. 일반적이면서도 시장이 큰 상품은 먼저 시작한 사람들이 확고하게 시장을 장악하고 있을 가능성이 높고, 특이하면서도 아직 시장이 형성되지 않은 상품은 새로운 시장을 개척하기가 그만큼 힘들기 때문이다.

무역거래로 물건을 손에 쥐는 데는 생각보다 많은 시간이 필요하다

외국에서 물건을 수입하고자 할 때 오더를 발주하고 나서 물건을 손에 넣을 때까지의 소요시간을 가급적 정확하게 예측하는 것이 중요하다. 예상한 시간보다 너무 일찍 물건이 도착하면 그만큼 빨리 물품대금을 지급해야 하고 창고료 등 추가부담도 만만치 않기 때문이다. 반대로 예상한 시간보다 너무 늦게 물건이 도착하면 판매시기를 놓치거나 재주문인 경우 재고가 떨어져 팔지 못하는 불상사가 생길 수도 있다.

무역거래 경험이 부족한 사람들이 흔히 저지르는 실수 중 하나가 운송이나 통관에 소요되는 시간을 너무 빡빡하게 잡는 것이다. 예를 들어 수출자가 물건을 준비하는 데 한 달이 걸리고 상대방 국가까지

배로 운반하는 데 한 달이 걸리는 경우 오더를 발주해서 물건이 도착할 때까지 걸리는 시간을 단순하게 두 달이라고 계산해서는 낭패를 보기 십상이다.

수출자가 물건을 준비했더라도 물건이 있는 곳에서 항구까지 운반하는 데 시간이 걸리고 수출통관과정에서 문제가 발생해 통관절차가 지연될 수 있으며, 선적과정에서도 예기치 못한 사유로 선적이 지연될 수 있다. 수입자가 지정한 항구에 물건이 도착한 다음에도 마찬가지다. 배에서 물건을 내리고 통관절차를 거쳐 수입자가 지정한 장소까지 물건이 도착할 때까지 단계별로 예상치 못한 업무상 지연이 발생할 수 있음을 감안해야 한다.

비행기로 운반하면 바로 물건을 받을 수 있다고 생각할 수도 있지만 이것도 잘못된 생각이다. 수출국에서 수입국에 도착하기까지의 운송시간만 줄어들 뿐이지 내륙운송이나 통관절차에 따르는 소요시간까지 단축할 수 있는 것이 아니기 때문에 오더를 발주하고 바로 물건을 받을 수 있다는 생각은 위험하다.

따라서 무역거래로 물건이 최종목적지에 도착할 때까지의 소요시간을 계산할 때는 단순히 수출국에서 수입국까지 가는 데 걸리는 시간만을 따질 것이 아니라 수출국과 수입국에서의 내륙운송이나 통관과정에서 야기될 수도 있는 지연가능성을 감안하여 여유 있게 소요시간을 계산하는 것이 바람직하다.

신용장도 완벽한 것이 아니다

흔히 신용장방식의 거래는 수출자와 수입자가 서로 안심하고 거래를 할 수 있다고 생각하지만 수출자가 마음먹기에 따라서는 얼마든지 수입자를 골탕 먹일 수 있다. 예를 들어 텔레비전 1,000대를 수입하기로 하고 신용장을 개설했는데 상대방이 텔레비전이 아닌 돌멩이를 실어서 보냈다고 하자.

수출자가 선박회사에 제출하는 서류의 명세란에 텔레비전 1,000대라고 기재하면 선박회사는 이를 근거로 선하증권을 발행할 테고 은행에서는 서류만 확인하고 이상이 없으면 돈을 내주게 된다. 선박회사나 은행에서는 서류상 이상이 있는지를 확인할 뿐이지 실제로 선적된 물건이 계약과 일치하는지를 확인할 의무가 없기 때문이다.

상당수 무역사기가 이런 맹점으로 발생한다. 수입자의 입장에서 보면 물건을 확인하고 대금을 결제하는 것이 아니라 서류만 확인하고 대금을 결제하기 때문에 악덕수출업자가 텔레비전 대신 돌멩이를 실어 보내더라도 꼼짝없이 당할 수밖에 없다.

이런 사기수법은 선적 전에 계약된 물건이 제대로 실리는지를 직접 또는 SGS와 같은 전문검사업체로 하여금 확인하도록 하고 신용장의 Documents Required항에 확인 결과 이상이 없다는 Inspection Certificate를 추가함으로써 예방할 수 있다.

신용장에 의한 거래가 수입자에게만 문제를 일으키는 것은 아니다. 수출자의 입장에서도 신용장 때문에 곤혹을 치르는 경우가 적지 않다. 우선 신용장에서 요구하는 서류를 준비하는 과정에서 문제가 발생할 수 있다. 통상적으로 신용장에서 요구하는 B/L, Commercial Invoice, Packing List, Insurance Policy 등의 서류를 준비하는 것은 별로 어려울 것이 없으나 추가적으로 각종 증명서를 요구하는 경우에는 얘기가 달라진다.

예를 들어 화학물질을 수출할 때 유해화학물질이 아니라는 증명서를 요구하거나 동물생산품을 거래할 때 전염병에 감염되지 않았다는 증명서를 요구하는 경우 해당 증명서를 발급받기 위해서 상당한 시간과 비용을 들여야 한다. 심지어는 이제까지 한 번도 발급된 적이 없는 새로운 양식의 증명서를 요구하는 경우도 있어서 관련기관으로부터 증명서를 발급받느라 애를 먹기도 한다.

더 문제가 되는 것은 악덕수입자가 서류작성상의 사소한 실수를 빌미로 대금지급을 거절하는 경우다. 무역서류가 아무리 간단하다고 해도 서류를 작성하다보면 실수를 저지르기 마련인데 수입자가 마음먹고 아주 사소한 실수까지 잡아내려고 한다면 이를 피해나가기가 쉽지 않다.

서류와 상관없이 신용장을 개설한 은행 때문에 문제가 발생하기도 한다. 대금지급을 확약한 개설은행이 부도가 나서 대금을 지급받지 못하는 경우다. 우리나라에서는 은행이 하루아침에 망하는 경우가 드물지만 저개발국에는 신용도가 낮은 은행들도 많아서 신용장을 믿고 물건을 선적했다가 물품대금을 받지 못할 수도 있다는 것을 유의해야 한다.

이와 같이 개설은행의 신용도에 의심이 갈 경우에는 신용도가 높은 제삼의 은행에서 별도로 지급확약을 하는 확인신용장방식으로 거래하는 것이 바람직하다.

위에서 살펴본 바와 같이 신용장이 100% 안전한 거래를 보장해주지 않으므로 특히 첫 거래를 신용장방식으로 진행해야 하는 경우라면 만반의 대비책을 강구해두는 것이 바람직하다.

무역서식 작성요령

무역에 입문할 때 가장 부담스러워하는 것의 하나가 무역서식을 작성해본 경험이 없어서 무역업무를 처리하는 데 지장을 받지 않을까 하는 것이다. 하지만 모든 서식과 마찬가지로 무역서식도 실제로 작성해보면 그다지 어렵지 않다는 것을 깨닫게 된다.

무역업자가 스스로 양식을 만들어 작성해야 할 서식은 특별한 경우를 제외하고는 수출자가 작성하는 Proforma Invoice, Commercial Invoice, Packing List 등에 불과하며 나머지 서식은 은행을 비롯한 관련단체에서 이미 만들어놓은 양식에 필요한 내용을 채워 넣기만 하면 된다. 예를 들어 수출자가 작성하는 내국신용장개설신청서나 수입업자가 작성하는 신용장개설신청서양식은 은행에서 제공하며 원산지증명서 양식은 상공회의소에서 제공한다.

수출의 경우 수출자가 직접 작성하는 보증서(Guarantee Letter) 혹은 증명서(Certificate) 등을 요구하는 경우도 있지만 특별한 양식에 구애받지 않고 수입자나 은행이 요구하는 내용대로 기술하고 서명하면 되므로 크게 문제될 것이 없다. 또한 선하증권(Bill of Lading)은 선박회사나 포워더가 발행하고, 보험증서(Insurance Policy)는 보험회사에서 발행하므로 무역업자는 이들 서식의 주요 내용만 이해하면 된다.

무역업자가 직접 양식을 만들어 작성해야 할 상업송장이나 포장명세서의 작성요령은 이 책 앞부분에서 상세히 설명하였고 실제로 작성한 양식을 소개하기도 했지만, 이들 양식은 하나의 샘플에 불과하고 각자가 취급하는 아이템이나 거래조건에 맞게 얼마든지 양식을 바꿀 수 있다. 무역에 처음 입문하는 사람 중에는 이들 서식을 책에 있는 양식대로 작성해야만 하는 것으로 아는 이들이 많은데 이는 무역서식의 용도를 잘못 이해한 데서 비롯된 것이다.

즉 수출업자가 작성하는 상업송장이나 포장명세서는 수입업자나 운송업자, 은행, 세관 등에 물건의 명세나 가격, 포장상태 등을 정확하게 전달하기 위한 용도로 작성되는 것이므로 이와 같은 용도를 충족하는 한 특별한 양식에 구애받지 않고 임의로 작성해도 하등 문제될 것이 없다. 외국의 수출업자가 작성하는 서식은 회사마다 천차만별이며 심지어는 일정한 양식을 사용하지 않고 담당자가 손으로 적어 보내는 경우도 있다.

이 책에서 앞서 소개한 포장명세서 양식만 하더라도 기존의 무역실무 책에 소개된 양식에는 들어 있지 않은 Q'ty/Ctn(카톤박스당 포장한 수량) 및 Carton No.(아이템별 카톤박스 번호) 항목을 추가해서 포장명세서만 보고서도 아이템별 포장내용을 확인할 수 있도록 하였다. 포장명세서의 용도가 물건의 포장상태를 정확하게 전달하는 데 있으므로 기존에 사용되는 양식에 들어 있지 않은 내용을 추가했다고 해서 문제될 것은 없다. 반대로 기존에 사용되는 양식에 들어 있는 항목이라도 해당 서식의 용도에 크게 어긋나지 않는 한도 내에서 생략할 수도 있다.

더 자세한 서식별 작성요령은 한국무역협회사이트에서 제공하는 서식작성요령을 참고하면 된다.

수출가격과 판매가격의 차이

우리나라에서 1만 원 하는 물건이 외국에서 3만 원이나 한다거나 거꾸로 외국에서 1만 원에 살 수 있는 물건이 우리나라에서는 3만 원에 팔린다면 무역거래를 통해 큰돈을 벌 수 있겠다는 성급한 결론에 이르는 사람들이 있다.

하지만 이런 식의 계산은 심각한 오류를 불러올 수 있다. 무역거래에서 추가로 발생하는 비용이 예상외로 크기 때문이다. 공장에서 부두까지 실어 가는 운반비용, 통관비용, 해상운임, 보험료, 수입통관비용, 수입에 따른 관세 등 각종 세금, 도착항에서 수입자의 창고까지의 운반비용에다 수입품의 국내 판매에 따르는 유통비용까지 더해지면 그야말로 배보다 배꼽이 훨씬 크게 되고 마는 것이다. 따라서 단순히 수출국에서 1만 원에 구할 수 있는 물건이 수입국에서는 3만 원에 팔

리기 때문에 수출입거래를 통해서 돈을 벌 수 있겠다는 생각은 순진한 발상이 아닐 수 없다.

내가 처음 수출품을 오퍼했을 때 미국의 수입업자로부터 내가 제시한 수출가격의 정확히 10배에 달하는 가격표를 물건 겉포장에 부착해서 보내달라는 요청을 받은 적이 있다. 수출가격의 10배가 미국에서의 소비자가격이 되는 것이다. 물론 소비자가격은 그렇게 붙여놓고 50%를 할인해서 팔면 대번에 1/2로 줄어들고 유통마진 등을 감안하면 그렇게 불합리한 가격이라고 볼 수도 없지만 어쨌든 수출가격과 수입국의 소비자가격의 단순한 비교만으로 무역거래 가능성을 따지는 것은 결코 바람직하지 않다는 것을 새겨둘 필요가 있다.

고무줄 같은 수출가격

무역거래에서 수출자가 가격을 제시하는 방법은 크게 두 가지로 나뉜다. 원자재와 같이 가격변동이 심한 아이템의 경우에는 상담이 진행될 때마다 그때그때 가격을 제시하고, 일반상품과 같이 일정기간 동일한 가격을 제시할 필요가 있는 경우에는 미리 가격표를 만들어 놓고 수입의사가 있는 상대방에게 보내준다.

그때그때 가격을 제시하는 경우에는 견적할 시점에 유효한 가격을 제시할 수 있기 때문에 크게 문제될 것이 없지만 일정기간 유효한 가격표를 작성할 때는 예기치 못한 가격변동 상황에 대처하기 위해 가격을 산출할 때 약간 여유를 두는 것이 일반적이다.

또한 업체에 따라서는 수출가격표를 작성할 때 거래상대방이 가격 할인을 요청할 것에 대비해 여유 있게 가격을 책정하는 경우도 많다. 심한 경우에는 제목은 수출가격표(export price list)라고 달아놓고 실제로는 국내소매가격을 표시한 후 큰 폭의 할인율로 수입자를 현혹하는 경우도 있다. 따라서 수출가격표를 받으면 해당 가격이 어떤 기준으로 작성되었는지를 확인해볼 필요가 있다.

수입자의 입장에서 상대방이 수출가격표를 작성한 기준을 가늠하기가 힘들다면 일단 헛일하는 셈치고 얼마만큼 할인이 가능한지를 확인하고 넘어가는 것이 좋다. 할인을 염두에 두고 가격표를 만들었음에도 불구하고 상대방이 가격할인을 요청하지 않으면 원래 가격대로 밀고 나갈 가능성이 높기 때문이다.

오더의 양에 따른 거래단가의 변화

수출입단가는 여러 가지 요인에 의해 결정되지만 오더의 양에 따라 적용되는 수출입단가가 달라진다는 데 주목할 필요가 있다. 국내거래에서도 대량주문에 대해서는 더 싼 가격을 적용하는 것이 일반적인 관례이듯 무역거래에서도 오더의 양이 늘어나면 보다 싼 가격을 적용하는 것이 상례다.

수출업체에 따라 수출가격을 적용하는 최소주문단위(Minimum Order

Quantity)를 책정하기도 하고 오더의 양에 따라 각기 다른 할인율을 제시하기도 한다. 오더의 양과 상관없이 기본적으로 들어가는 관리비나 부대비용은 큰 차이가 나지 않으므로 이왕이면 오더의 양이 클수록 이윤을 많이 남길 수 있기 때문에 그만큼 큰 할인폭을 제시하는 것이다.

또한 무역거래단가의 중요한 부분을 차지하는 운송비의 경우에도 오더의 양이 커지면 보다 유리한 요율을 적용받을 수 있기 때문에 거래단가를 낮출 수 있다. 예를 들어 오더의 양이 컨테이너 한 대를 채우지 못하는 LCL 화물의 경우에는 독자적으로 컨테이너를 채울 수 있는 FCL 화물보다 상대적으로 비싼 운임을 감수해야 한다.

이와 같이 오더의 양에 따라 적용되는 거래단가가 달라지기 때문에 가급적 오더의 규모를 늘리는 것이 거래단가를 낮출 수 있는 비결이기도 하다.

환율변동에 대처하는 법

수출자의 입장에서 수출가격을 책정할 때 제일 조심해야 할 것의 하나가 환율이다. 환율의 변동이 심한 경우에 견적시점과 실제로 물품대금을 받는 시점의 환율차이로 인해서 예상치 못한 손해를 보거나 반대로 환차익을 볼 수도 있다.

환율이 상당폭 변하더라도 큰 손해를 보지 않게 가급적이면 견적당시의 환율보다 보수적인 환율을 기준으로 수출가격을 책정하는 것이 바람직하다. 또한 일부 가격변동이 심한 원자재를 제외하고는 한 번 책정한 가격을 지나치게 자주 바꾸는 것은 바람직하지 않으므로 웬만한 환율변동에는 가격을 조정하지 않아도 될 정도로 여유 있게 가격을 책정하는 것이 좋다. 하지만 무조건 환율을 여유 있게 적용하다보면 가격경쟁력을 상실할 수 있으므로 적정한 환율이 적용될 수 있도록 세심한 노력이 요구된다.

수입자의 입장에서도 환율은 상당히 중요한 의미를 갖는다. 외화로는 같은 가격이라도 환율의 등락에 따라 자신이 지급해야 하는 금액이 달라지기 때문이다. 따라서 수입오더의 수익성을 따지기 위해서 수입원가를 계산할 때 가급적 보수적인 환율을 적용해서 환율의 급등에 대비해야 한다.

특히 환율변동이 심할 때는 가급적 외상수입을 자제하는 것이 좋다. 물건이 도착할 때 환율보다 물품대금을 지급할 때 환율이 지나치게 높은 경우 수입물품을 판매할 때는 상당한 마진이 생긴 것으로 기대했음에도 불구하고 환차손으로 인해 오히려 손해를 보는 경우도 생길 수 있기 때문이다.

무역에 베테랑인 사람 중에도 환율예측을 잘못해서 사업을 망치는 경우가 왕왕 있다. IMF사태 직전에 외상으로 과다한 물량을 수입했던 수입상들이 급격한 환율상승을 버티지 못하고 도산한 경우가 대표적이다.

환율의 변화를 정확하게 예측하는 것은 사실상 불가능하기 때문에 환율 급변에 따른 손실이 우려되는 상황이라면 한국무역보험공사에서 운영하는 환변동보험에 가입하는 것을 고려해볼 만하다.

수출포장에 대해서

수출의 경우 물건이 내륙운송 및 해상 혹은 항공 운송을 거치는 동안 여러 번 싣고 내리는 과정을 반복해야 하고 장거리 운송을 견뎌야 하기 때문에 충분히 튼튼한 재질의 수출포장박스를 사용해야 한다. 또한 동일한 공간에 최대한 많은 양을 실을 수 있도록 수출포장의 규격에도 신경 써야 한다. 그렇다고 무조건 박스 크기를 크게 했다가는 물건을 싣고 내리는 작업을 하기가 어려워지므로 박스당 무게에도 신경을 써서 적정한 사이즈의 박스를 준비하는 것이 좋다.

또한 수입자에게 박스당 포장단위를 통보해서 오더량을 결정할 때 포장단위의 배수가 되도록 유도해야 한다. 예를 들어 한 박스에 30개씩 들어가는데 500개를 주문받는다면 오더를 처리하는 데 문제가 생기게 된다.

물건의 크기가 너무 작다든지 판매상 필요한 경우에는 수출박스 포장에 앞서 작은 박스에 포장을 하는데 이를 이너박스(Inner Box)라고 한다. 예를 들어 6개씩의 개별 물건을 Inner Box에 포장해서 6개의 Inner Box를 하나의 Carton Box에 담는 식으로 수출포장을 하게 된다.

수출포장박스 표면에는 물건을 쉽게 식별할 수 있도록 수입자의 상호, 아이템번호, 포장일련번호, 도착항, 원산지 등을 표시하는데 이를 Shipping Mark라고 한다. 선박이나 항공기가 여러 곳에 기착하는 경우 도착항을 제대로 표시하지 않으면 화물이 목적지가 아닌 곳으로 잘못 운송될 수도 있다. 또한 별도로 컨테이너를 채울 수 없는 LCL 화물의 경우 다른 사람들의 오더와 함께 컨테이너에 실리기 때문에 Shipping Mark가 제대로 표시되지 않으면 다른 사람 화물과 섞일 수 있다는 것을 유념해야 한다.

물건은 도착했는데
오리지널 B/L이 도착하지 않았을 때 대처방안

원칙적으로 선박회사는 오리지널 B/L이 없으면 물건을 인도해주지 않는다. 따라서 수출자는 물건을 싣고 오리지널 B/L을 발급받자마자 최대한 신속하게 수입자에게 전달해줄 의무가 있지만 물건이 도착할 때까지 오리지널 B/L이 수입자에게 도착하지 않는 경우가 생기게 마련이다.

예를 들어 우리나라와 일본, 대만, 중국 등과 같은 인근국가와의 거래일 경우 물건을 실은 배는 2~3일이면 도착하지만 오리지널 B/L은 아무리 빨리 보내도 물건보다 늦게 도착하는 경우가 많다.

특히 신용장방식의 경우 오리지널 B/L은 은행을 통해 수입자에게 전달되기 때문에 은행이 서류를 검토하고 발송하는 데 소요되는 시간을 감안하면 수출자의 의지와 상관없이 수입자에게 전달이 늦어질 수 있다.

이와 같이 물건은 도착했는데 오리지널 B/L이 도착하지 않은 경우에는 신용장개설은행으로부터 수입화물선취보증서(L/G, Letter of Guarantee)를 발급받아서 선박회사에 제출하고 물건을 찾을 수 있다. 수입화물선취보증서란 수입자와 신용장개설은행이 연대하여 선박회사에 선하증권 원본이 도착하는 대로 이를 제출할 것과 선하증권 원본 없이 물건을 인도받는 데 따른 모든 문제에 대해 선박회사에 책임을 지우지 않겠다고 보증하는 서류다.

결제조건이 송금방식이고 항해일수가 짧은 경우에는 오리지널 B/L을 선박회사에 반납하고 B/L 사본에 SURRENDERED라는 스탬프를 찍어 수입자에게 보내주면 오리지널 B/L 없이 물건을 찾을 수 있다.

세금은 어떻게 내야 하나?

사업자에게 부과되는 세금은 크게 부가가치세와 종합소득세(법인인 경우 법인세) 두 가지 종류가 있는데, 부가가치세는 매분기말에 마감해서 다음 달 25일까지 신고해야 하고 종합소득세는 일 년에 한 번씩 매년 5월 말까지 신고 후 납부하면 된다.

종합소득세는 일 년 간의 총수입금액에서 필요경비를 제한 종합소득금액에서 각종 소득공제금액을 제한 과세표준금액에 국세청에서

고시하는 세율을 곱한 후 누진공제액을 제하는 방식으로 산출하며 종합소득금액의 10%에 해당하는 주민세가 별도로 부과된다.

외형이 큰 경우에는 법인으로 등록하여 종합소득세 대신 법인세로 납부하는 것이 유리하지만 사업 초기에는 개인사업자로 시작했다가 사업이 확장된 후 법인으로 전환하는 것이 일반적이다.

세금과 관련된 규정들도 수시로 변경될 수 있으므로 항상 변경되는 부분을 관심을 가지고 지켜보는 것이 필요하다. 거래규모가 크고 복잡할 경우에는 세무사에게 관련 업무를 위임하는 것이 좋다.

클레임의 해결방안

클레임이란 계약당사자 중 한쪽에서 계약을 제대로 이행하지 않았을 때 피해자가 상대방에게 손해보상을 청구하는 권리 또는 손해배상을 요구하는 것을 의미한다. 주로 물건의 품질에 이상이 있거나 선적이 지연되는 경우, 대금결제가 제때 이루어지지 않는 경우에 발생한다.

클레임이 수출자와 수입자 간에 원만하게 해결되지 않으면 제삼자에 의한 해결방법을 모색할 수밖에 없다. 제3자에 의한 해결방안으로는 알선(Recommendation), 조정(Conciliation), 소송(Litigation), 중재(Arbitration) 등이 있으나 이 중 알선이나 조정은 강제력이 없기 때문에 최악의 경우 소송이나 중재를 통해 문제를 해결할 수밖에 없다.

클레임을 소송으로 해결하려면 시간이 많이 걸리고 비용도 많이 들 뿐더러 자국(自國) 법원의 확정판결이 상대국의 거래상대방에게 법적인 효력을 가질 수 없으므로 중요한 거래인 경우 계약서를 작성할 때 분쟁발생 시 중재판정에 따른다는 조항을 달아두는 것이 좋다. 중재와 관련된 더 자세한 사항은 대한상사중재원 웹사이트(www.kcab.or.kr)에서 확인할 수 있다.

언더밸류에 대하여

무역거래에서 국가 간의 가격경쟁력 차이로부터 자국산업을 보호하고 국가재원을 마련하게 위해서 수입품에 부과되는 것이 수입관세다. 주로 후진국으로 갈수록 수입관세가 비싸서 심할 경우 100% 이상의 고율관세가 부과되기도 한다. 100% 이상이라 함은 물건값보다 세금이 더 비싸다는 얘긴데 그런 고율관세를 내고도 수입을 하겠냐는 의문이 생길 수 있지만 후진국일수록 고가의 상품을 소비하는 특수층이 존재하기 때문에 크게 문제될 것이 없다.

문제는 일반인을 상대로 판매되는 일반상품의 경우 관세가 높아지면 국산제품과의 경쟁이 힘들어지기 때문에 수입관세를 적게 내기 위해서 수입관세 부과의 기준이 되는 Invoicc 가격을 허위로 조작해서 낮게 신고하는 경우가 있는데 이를 언더밸류(Undervalue)라고 한다.

관세율이 높은 일부 국가에서는 관행적으로 Undervalue가 이루어지기도 하고 우리나라 수입업체 중에도 Undervalue를 시도하는 경우가 있는데 이는 관세를 포탈하기 위한 범법행위이므로 절대로 시도하지 말아야 한다.

사기성 메일을 조심하라!

한때 나이지리아를 비롯한 아프리카 지역에서 거액의 자금을 관리해주는 대가로 고율의 수수료를 주겠다고 유혹하는 메일이 유행처럼 날아든 적이 있다. 한동안 뜸하더니 최근 들어 다시 이 같은 내용의 이메일이 심심찮게 날아들고 있다. 일면식도 없는 사람에게 거액의 자금을 맡기겠다는 것 자체가 허무맹랑한 내용이건만 이런 사기성 메일에 속아 답장을 보내는 사람들이 의외로 적지 않다.

일단 답장을 보내면 여러 가지 명목으로 소정의 금액을 우선 자기네 계좌로 보내라고 한다. 언뜻 보기에도 어수룩하기 그지없는 사기극(詐欺劇)에 불과하지만 거액의 수수료를 준다는 제안에 눈이 멀어서 자기도 모르는 사이에 속아 넘어가는 경우가 있으니 조심해야 한다. 지나친 욕심은 화를 부른다는 것을 명심할 일이다.

이메일 해킹을 조심하라!

최근 부쩍 늘어난 사기수법 중 하나가 수출자의 이메일 계정을 해킹해서 수입자에게 접근한 후 계좌번호가 바뀌었으니 물품대금을 바뀐 계좌번호로 송금하라고 요청해 가로채는 것이다. 얼핏 생각하면 누가 그런 사기에 넘어갈까 할 수도 있지만 사기꾼들이 수출자의 영문표현 습관까지 파악해 메일을 작성하기 때문에 수입자가 전혀 눈치채지 못하고 바뀐 계좌번호로 송금하는 경우가 비일비재하다.

따라서 이런 사기수법에 당하지 않으려면 수출자는 가급적 물품대금을 수령할 계좌번호를 바꾸지 말고, 수입자는 수출자로부터 계좌번호가 바뀌었다는 메일을 접수하면 일단 수출자에게 별도로 사실 여부를 확인한 후 송금하는 것이 바람직하다.

무역관련기관과 인터넷의 활용방안

새로 무역에 입문해서 독립적으로 일하다보면 혼자서 해결하기 힘든 여러 가지 문제에 부닥치게 된다. 그럴 때마다 일일이 남에게 도움을 청하는 것도 쉬운 일이 아니고 즉각적인 해결책을 구하지 못해 낭패를 볼 수도 있다. 이럴 때를 대비해서 무역관련기관이나 인터넷을 활용해서 스스로 문제를 해결하는 방법을 알아두면 상당히 큰 도움이 된다. 무역관련기관이 제공하는 구체적인 서비스와 인터넷 활용방안을 소개하면 다음과 같다.

무역관련기관이 제공하는 서비스

한국무역협회, 대한무역진흥공사(KOTRA), 한국수입업협회 등 무역관련기관에서 운영하는 웹사이트에 접속하면 해당 기관에서 제공하는 다양한 서비스를 이용할 수 있다. 무역과 관련한 다양한 문제나 궁

금한 점은 무역협회에서 운영하는 상담실을 이용하면 각 분야에 정통한 전문가로부터 조언을 들을 수 있으며 대한무역진흥공사의 전 세계 지사망은 해외시장정보를 입수하고 신규시장을 개척하는 창구로 이용할 수 있다. 또한 한국수입업협회에서 개최하는 수입상담회에서 신규공급처를 개척할 수도 있다. 무역기관별로 제공하는 서비스 내역은 다음과 같다.

한국무역협회(www.kita.net)

거래알선관련정보제공, 해외유명전시회 참가를 지원하는 등의 해외시장 개척활동 지원, 해외시장 개척기금 융자지원, 다양한 무역통계제공, 무역상담실 운영, 바이어 발굴, 금융·외환·관세 등 무역관련 애로사항 해결, 통역·번역, 바이어 상담지원, 클레임처리, 무역서류 작성, 우대금융 및 외환수수료 경감서비스, 수출유망상품 인큐베이팅 사업 등 토털서비스를 제공하는 무역지원실 운영, 무역인력 양성을 위한 무역아카데미 운영

대한무역진흥공사(www.kotra.or.kr)

KOTRA 해외무역관을 해외지사를 보유하고 있지 않은 국내 중소기업의 지사로 활용할 수 있도록 하는 지사화사업, 해외시장개척단 파견, 수출구매상담회 개최, 벤처기업 수출지원, 부품소재 해외시장 진출지원, 해외시장 조사대행, 해외업체 신용조사, 거래알선, 수출현안조사자료 발간, 해외지역 및 상품시장동향조사

한국수입업협회(www.koima.or.kr)

해외우량거래처 및 품목발굴서비스, 해외통상사절단 파견, 무역인재 양성을 위한 무역연수교육실시, 구인구직 알선을 위한 인재뱅크 운영, 무역상담실 운영

각 무역기관의 웹사이트를 방문하면 더 구체적인 서비스 내용과 이용방법을 확인할 수 있다. 이밖에도 중소벤처기업진흥공단(www.sbc.or.kr)에서는 무역전문인력 부재로 수출에 어려움을 겪는 중소기업을 위해 무역전문인력으로 구성된 수출자문위원을 중소기업 현장에 직접 투입하여 무역 및 금융관련 수출자문을 무료로 해준다.

인터넷 활용방안

인터넷이야말로 잘만 활용하면 시간과 장소에 구애받지 않고 무역업무를 처리하는 데 큰 도움을 받을 수 있다. 거래알선사이트에 접속해서 각종 거래알선자료들을 입수하고 국내외 포털사이트의 검색기능을 활용해서 각종 무역정보 및 아이템이나 국내외 거래처에 관한 자료를 입수하는 등 그야말로 무역 전반에 걸쳐 필요한 정보나 자료를 구하는 통로로서 인터넷의 활용가치는 무궁무진하다. 인터넷을 통해 처리하거나 구할 수 있는 주요한 업무와 자료는 다음과 같다.

해외거래처 발굴

무역거래알선사이트에 접속해서 해외수출입업자들이 올린 거래희망게시물을 보고 거래제의를 하거나 자신이 직접 거래희망게시물을 올려서 해외거래처를 발굴할 수 있다. 특정아이템의 해외거래처를 찾으려면 해외검색사이트의 검색창에 아이템명을 입력해서 해당 아이템을 취급하는 업체들의 웹사이트 주소를 확인한 후 직접 접속하면 된다.

추천할 만한 거래알선사이트로는 알리바바(www.albaba.com), 이씨21(www.ec21.com), 이씨플라자(www.ecplaza.net) 등이 있으며, 이밖에도 한국무역협회에서 운영하는 트레이드코리아(www.tradekorea.com), KOTRA에서 운영하는 바이코리아(www.buykorea.org), 중소벤처기업진흥공단에서 운영하는 고비즈코리아(www.gobizkorea.com) 등을 통해서 효과적으로 해외거래처를 개발할 수 있다.

국내거래처 발굴

국내검색사이트의 검색창에 아이템명을 입력해서 해당 아이템을 취급하는 업체들을 찾아내거나 아이템별로 조합이나 협회 등의 관련단체 웹사이트에 접속해서 소개를 요청한다.

특정아이템에 관한 자료

국내외 검색사이트의 검색창에 아이템명을 입력해서 관련 자료를 수집한다.

무역상담

한국무역협회를 비롯한 무역관련기관이 운영하는 웹사이트의 온라인 상담실을 이용하여 수출입절차, 대금결제, 운송물류, 통관/관세환급, 무역클레임, HS상품분류 등과 같은 무역 전반에 걸친 질문을 올리면 전문가의 답변을 얻을 수 있다.

무역관련서비스업체 검색

수출입업무를 대행해주는 무역대행업체는 '무역대행', 운송업무를 대행해주는 포워더는 '복합운송', 통관업무를 대행해주는 관세사는 '관세사', 해상적하보험회사는 '적하보험'이라는 검색어를 사용해서 찾아낼 수 있다.

무역통계자료

아이템별, 국가별 수출입현황 등 각종 무역관련통계자료는 무역협회사이트(www.kita.net)에서 구할 수 있다.

FTA관련업무

한국무역협회와 관세청에서 운영하는 포털사이트를 통해 관련 자료를 입수하고 업무지원을 받을 수 있다.

무역교육

한국무역협회에서 운영하는 무역아카데미(www.tradecampus.co)에서 무역실무와 외국어와 관련한 다양한 강의를 수강할 수 있다.

무역서식

한국무역협회나 외국환은행 웹사이트에서 다양한 무역서식을 다운받을 수 있다.

세무관련업무

국세청사이트(www.nts.go.kr)에 접속하면 세금과 관련한 각종 정보 및 자료는 물론 세무신고에 필요한 각종 서식까지 구할 수 있다.

무역용어 및 절차에 관한 설명

생소한 무역용어나 절차가 나오면 국내검색사이트 검색창에 해당 용어나 절차명을 입력해서 해당 용어나 절차에 대한 설명이 담긴 웹페이지를 검색할 수 있다.

앞서 살펴보았듯이 무역과 관련한 웬만한 자료는 모두 인터넷에서 구할 수 있을 정도로 인터넷의 위력은 막강하다. 따라서 인터넷을 잘만 활용하면 남보다 시간과 비용을 절약하면서 효율적으로 무역업무를 수행할 수 있으며, 그러기 위해서는 무역업무를 처리하는 과정에서 문제에 부닥칠 때마다 인터넷에서 해답을 구하는 습관을 들이는 것이 좋다. 인터넷이야말로 남에게 아쉬운 소리 하지 않고 무역업무 전반에 걸쳐서 다양한 도움을 받을 수 있는 도구라는 것을 기억해두자.

인코텀즈 2020

인코텀즈 개요

인코텀즈 개요

INCOTERMS는 International Commercial Terms의 약자로 국제상업회의소(ICC, International Chamber of Commerce)에서 제정한 정형거래조건에 관한 국제규칙(ICC rule for the use of domestic and international trade terms)을 일컫는다.

INCOTERMS는 매매계약에 의한 물품의 인도와 관련하여 매도인과 매수인의 의무를 규정한 것으로 거래당사자 간에 비용과 위험이 어떻게 분담되고 이전되는지에 대한 유권해석이라고 할 수 있다.

INCOTERMS는 가격을 결정하고 보험을 누가 들지를 판단하는 기준이 될 뿐 아니라 거래당사자 간에 합의하는 제반 계약조건을 보완하고 분쟁발생 시 법률관계를 해석하는 기준이 되므로 무역실무 전 과정 중에서 가장 중요한 내용의 하나라고 할 수 있다.

현재 사용하고 있는 INCOTERMS는 2019년에 개정되고 2020년

1월 1일부터 적용하기로 하여 INCOTERMS 2020이라고 부르며, 11가지 정형거래조건에 대해 매도인과 매수인의 의무 각각 10가지씩을 규정하고 있다.

INCOTERMS 2020에서 규정한 11가지 정형거래조건은 운송방식과 상관없이 사용할 수 있는 7가지 조건과 해상 및 내수로운송방식에만 사용할 수 있는 4가지 조건으로 이루어지며, 그 내역은 다음과 같다.

운송방식에 상관없이 사용할 수 있는 조건	EXW	Ex Works
	FCA	Free Carrier
	CPT	Carriage Paid To
	CIP	Carriage and Insurance Paid To
	DAP	Delivered At Place
	DPU	Delivered At Place Unloaded
	DDP	Delivered Duty Paid
해상 및 내수로 운송방식에만 사용할 수 있는 조건	FAS	Free Alongside Ship
	FOB	Free On Board
	CFR	Cost and Freight
	CIF	Cost Insurance and Freight

INCOTERMS 2020에서 규정한 매도인과 매수인의 의무 10가지의 내역은 다음과 같다.

매도인의 의무	매수인의 의무
1. 일반의무	1. 일반의무
2. 물품의 인도	2. 물품의 인수
3. 위험의 이전	3. 위험의 이전
4. 운송	4. 운송
5. 보험	5. 보험
6. 인도/운송서류	6. 인도/운송서류
7. 수출/수입통관	7. 수출/수입통관
8. 점검/포장/하인표시	8. 점검/포장/하인표시
9. 비용의 분담	9. 비용의 분담
10. 통지	10. 통지

상기한 10가지 의무사항 중 위험의 이전과 비용의 분담이 가격을 결정하고 보험을 누가 들지를 판단하는 데 중요한 기준이 된다.

위험의 이전(transfer of risks)이란 물품이 운송되는 도중에 사고가 발생했을 때 누가 책임을 지느냐를 규정하는 것으로, 위험이 매도인으로부터 매수인으로 이전되기 전까지 발생하는 사고에 대해서는 매도인이 책임을 지고, 위험이 이전된 후에 발생하는 사고에 대해서는 매수인이 책임을 지게 된다.

여기서 책임을 진다는 것은 사고로 인해 발생한 손해를 부담한다는 뜻으로, 매도인은 물품을 정상적으로 출고했음에도 불구하고 물품대금을 받을 수 없고, 매수인은 정상적으로 물품을 받지 못했음에도 불구하고 물품대금을 지급해야 함을 뜻한다. 따라서 매도인과 매수인은 사고로 인해 발생할지도 모르는 손해에 대비하기 위해 보험에 가입해야 한다.

비용의 분담(allocation of costs)이란 물품이 매도인을 출발해서 매수인이 지정한 장소에 도착할 때까지 발생하는 운송비, 보험료, 통관비 등의 부대비용을 매도인과 매수인 간에 어떻게 분담할지를 규정하는 것으로, 매수인은 매도인이 부담할 부대비용을 물품대금에 더해 매도인에게 지급해야 한다.

이때 주목할 것은 INCOTERMS에서 규정한 11가지 조건별로 매도인과 매수인이 부담해야 할 부대비용이 달라지지만 어떤 경우든 모든 부대비용은 결국 매수인이 부담한다는 것이다. 즉 INCOTERMS의 규정에 따라 매도인에게 할당된 부대비용은 매도인으로 하여금 운송업체, 보험회사, 관세사 및 세관 등에 지급하도록 하고, 매수인에게 할당된 부대비용은 매수인이 직접 해당 업체에 지급하는 것만 다를 뿐 결과적으로 모든 부대비용은 매수인이 부담하는 것이다.

INCOTERMS에서 규정한 11가지 정형거래조건의 비용 분담지점과 위험 이전시점을 표시하면 다음 그림과 같다.

비용의 분담

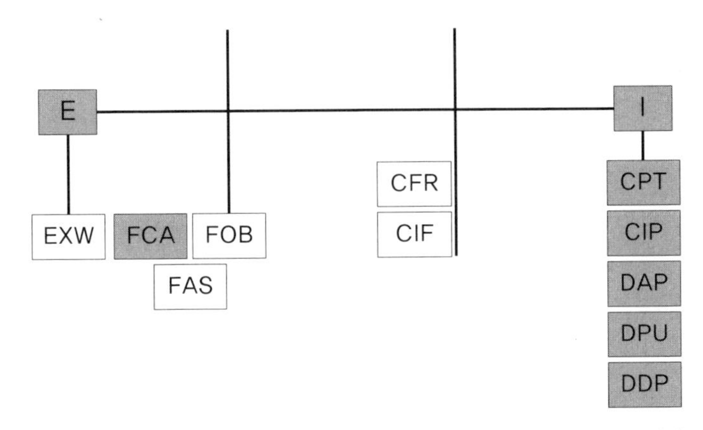

주 : 짙은 색으로 표시한 조건의 위치는 유동적임

위의 그림에서 왼쪽의 E는 매도인(수출자, Exporter)을 뜻하고 오른쪽의 I는 매수인(수입자, Importer)을 뜻하며, 왼쪽의 세로막대는 선적항, 오른쪽의 세로막대는 도착항을 뜻한다. 그림에서 정형거래조건명이 표시된 위치가 비용이 분담되는 지점을 뜻한다. 즉 물품이 공장이나 창고를 출발해서 해당 지점에 이르기까지의 비용은 매도인이 부담하고 해당 지점 이후에 발생하는 비용은 매수인이 부담한다는 뜻이다. 따라서 매수인은 해당 지점에 이르기까지의 부대비용을 물품대금에 더해 매도인에게 지급해야 한다.

매도인과 매수인은 각각 비용이 분담되는 지점을 감안하여 원가계산을 해야 한다. 즉 매도인의 입장에서는 해당 지점까지의 부대비용을 물품가격에 더해 최종가격을 산출해야 하고, 매수인의 경우에는 매도인에게 지급하는 최종가격에다 해당 지점 이후에 발생하는 부대비용을 더해 수입원가를 계산해야 한다.

위험의 이전

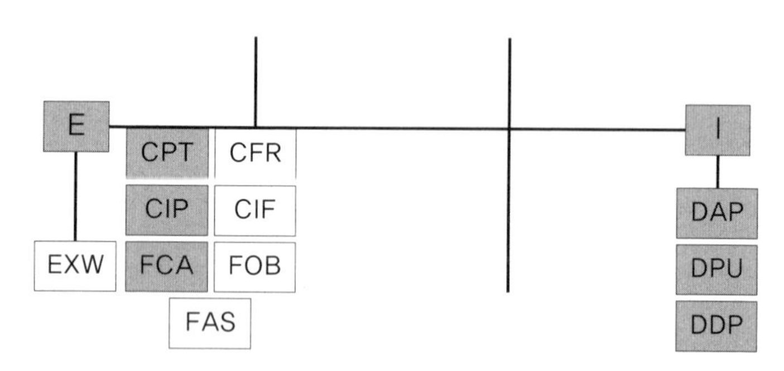

주 : 짙은 색으로 표시한 조건의 위치는 유동적임

위의 그림에 표시된 정형거래조건의 위치가 위험이 이전되는 시점을 뜻한다. 즉 해당 시점까지의 위험은 매도인이 부담하고 해당 시점 이후에 발생하는 위험에 대해서는 매수인이 부담한다는 뜻이다.

매도인과 매수인은 그림에 표시된 위험의 이전시점에 따라 보험가입 여부를 결정해야 한다. 즉 위험의 이전이 수출국에서 이루어지는 조건으로 거래할 때는 매수인이 보험에 가입해야 하고, 위험의 이전이 수입국에서 이루어지는 조건으로 거래할 때는 매도인이 보험에 가입해야 한다.

CIF와 CIP 조건의 경우에는 위험의 이전시점으로 보아서는 매수인이 보험을 들어야 하지만 INCOTERMS의 규정에 따라 매도인이 매수인 대신 보험을 들고 사고가 발생하면 매수인이 보상을 청구한다.

INCOTERMS에서는 CIF와 CIP를 제외한 나머지 9가지 조건에서는 매도인과 매수인 모두 보험계약의 의무가 없다고 명시하고 있다. 여기서 보험계약의 의무가 없다는 것은 서로 상대방에 대해 보험에 가입할 의무가 없다는 뜻이다. 따라서 CIF와 CIP를 제외한 나머지 9가지 조건에서는 상대방에 대한 의무로서가 아니라 자기 자신을 위험으로부터 보호하기 위해서 보험에 가입해야 한다.

결론적으로 매도인이 보험에 들어야 하는 조건은 CIF와 CIP 외에 수입국에서 위험이 이전되는 DAP, DPU, DDP 등이 있으며, 수출국에서 위험이 이전되는 나머지 6가지 조건(EXW, FOB, FAS, FCA, CFR, CPT)에서는 수입자가 보험에 들어야 한다.

인코텀즈 2020에서 바뀐 내용

인코텀즈는 1936년 제정된 이래 무역관습의 변화에 따라 1953년, 1967년, 1976년 세 차례에 걸쳐 개정되었으며, 1980년에 4차 개정이 이루어진 이후로는 1990년, 2000년, 2010년, 2020년 등 10년 단위로 정기적으로 개정되고 있다.

직전 버전인 인코텀즈 2010과 비교했을 때 인코텀즈 2020에서 바뀐 내용은 다음과 같다.

① 본선적재표기가 있는 선하증권과 FCA 조건

FCA 조건의 경우 물품이 선박에 적재되기 전에 물품의 인도가 이루어지므로 본선적재표기가 있는 선하증권(on board B/L)이 필요한 경우에는 매수인이 운송인에게 본선적재표시가 있는 선하증권을 발행하도록 지시해야 한다.

② 비용을 어디에 규정할 것인가?

인코텀즈 2010에서는 매도인과 매수인이 부담해야 할 다양한 비용을 여러 항목에 나누어 규정하였다. 예를 들어 인도서류의 취득과 관련된 비용은 인코텀즈 2010에서는 '비용의 분담(Allocation of Costs)' 항목이 아니라 '인도서류(Delivery Documents)' 항목에서 규정하였다. 인코텀즈 2020에서는 당사자가 자신이 부담해야 할 모든 비용을 한곳에서 찾아볼 수 있도록 비용의 분담 항목에 모든 비용을 열거하였다.

③ CIF와 CIP 간 부보수준의 차별화

인코텀즈 2010에서는 CIF와 CIP 조건에서 매도인이 보험에 가입할 때 협회적하약관 중 담보범위가 가장 적은 C약관으로 가입할 의무를 부과하였지만, 인코텀즈 2020에서는 CIF 조건은 C약관으로, CIP 조건은 담보범위가 가장 큰 A약관으로 가입하도록 분리하여 의무를 부과하였다. 다만 당사자들의 합의에 따라 상기한 규정과 상관없이 다른 약관으로 가입하는 것이 가능하도록 하였다.

④ FCA, DAP, DPU 및 DDP 조건에서 매도인 또는 매수인 자신의 운송수단에 의한 운송 허용

인코텀즈 2010은 제3자운송인(third-party carrier)이 물품을 운송하는 것을 가정하여 만들었지만 인코텀즈 2020에서는 FCA, DAP, DPU 및 DDP 조건에서 운송인을 제3자에게 아웃소싱하지 않고 자신의 차량을 이용할 수 있도록 하였다.

⑤ DAT를 DPU로 명칭 변경

인코텀즈 2010에서 새로 도입한 DAT 조건의 경우 물품의 인도장소를 터미널로 국한하였지만 인코텀즈 2020에서는 터미널뿐만 아니라 모든 장소에서 인도할 수 있도록 DPU(Delivered at Place Unloaded)라고 명칭을 변경하여 지정된 장소에 도착한 운송수단에서 물품을 내려 인도하는 경우에 사용하도록 하였다.

⑥ 운송의무 및 비용 조항에 보안관련 요건 삽입

인코텀즈 2010에서 다소 소극적으로 표현했던 보안관련규정을 인코텀즈 2020에서는 운송, 수출입통관, 비용의 분담 항목에서 좀 더 명시적으로 규정하였다.

⑦ 사용자를 위한 설명문

인코텀즈 2010 버전에서 개별 조건의 첫머리에 있던 '사용지침(Guidance Note)'을 보강하여 '사용자를 위한 설명문(Explanatory Notes for Users)'으로 바꾸었다. 이러한 설명문은 각 조건이 어떤 경우에 사용되어야 하는지, 위험은 언제 이전하는지 그리고 매도인과 매수인 사이에 비용 분담은 어떻게 이루어지는지와 같은 개별 인코텀즈 2020 규칙의 기초를 설명한다.

인코텀즈 주요 내용

INCOTERMS 2020에서 규정한 11가지 정형거래조건의 주요 내용은 다음과 같다.

① EXW: EX WORKS(공장인도조건)

공장이나 창고와 같은 지정장소에서 물품을 인도하는 규칙이다. 그 지정장소는 매도인의 구내일 수도 있고 아닐 수도 있다. 매도인은 차량에 물품을 적재할 필요가 없으며 수출통관을 할 필요도 없다.

본 규칙은 운송방식에 상관없이 사용할 수 있으며, 복수의 운송방식이 사용되는 경우에도 사용할 수 있다. 본 규칙에서 지정된 인도장소에서 위험이 이전되고 비용부담의 기준점이 되므로 당사자들은 지정인도장소 내에 정확한 지점을 명시하는 것이 바람직하다. EXW는 매도인의 의무가 최소인 규칙이다.

물품이 적재되기 전에 물품의 인도가 이루어지기 때문에 매수인이 적재작업 중의 위험을 피하고자 하는 경우에는 FCA 규칙을 사용하는 것이 좋다. 또한 본 규칙에서는 수출통관의 의무가 매수인에게 있기 때문에 매수인이 수출통관을 하는 데 어려움이 있는 경우에는 FCA 규칙을 사용하는 것이 좋다.

비용의 분기점	공장이나 창고와 같은 지정된 장소에서 물품을 인도했을 때
위험의 분기점	공장이나 창고와 같은 지정된 장소에서 물품을 인도했을 때
운송계약	매수인
보험계약	매수인
수출통관	매수인
수입통관	매수인
표기방법	EXW + 지정된 인도장소

② FOB: Free On Board(본선인도조건)

지정된 선적항에서 매수인이 지정한 선박에 물품을 적재하여 인도하거나 이미 그렇게 인도된 물품을 조달하는 규칙이다. 물품이 선박에 적재된 때 위험이 이전되고, 매수인은 그 순간 이후의 모든 비용을 부담한다.

본 규칙은 해상운송이나 내수로운송에만 사용되어야 한다. 따라서 FOB 규칙은 물품이 컨테이너터미널에서 인도되는 컨테이너운송방식에는 적합지 않으며 이런 경우에는 FCA 규칙을 사용하는 것이 좋다.

여기서 '조달한다(procure)'고 규정한 것은 특히 일차상품거래(commodity trades)에서 일반적인 수차에 걸쳐 연속적으로 이루어지는 연속매매(string sale)에 적용하기 위함이다.

FOB에서는 매도인이 수출통관을 해야 하지만 수입통관, 수입관세를 납부하거나 수입통관절차를 수행할 의무가 없다.

비용의 분기점	매수인이 지정한 선박에 물품을 적재하였을 때
위험의 분기점	매수인이 지정한 선박에 물품을 적재하였을 때
운송계약	매수인
보험계약	매수인
수출통관	매도인
수입통관	매수인
표기방법	FOB + 지정된 선적항

③ FAS: Free Alongside Ship(선측인도조건)

지정된 선적항에서 매수인이 지정한 선박의 선측에서 물품을 인도하거나 이미 그렇게 인도된 물품을 조달하는 규칙이다. 물품이 선측에 놓인 때 위험이 매수인에게 이전되고, 매수인은 그 순간 이후의 모든 비용을 부담한다.

본 규칙은 해상운송이나 내수로운송에만 사용되어야 한다. 따라서 FAS 규칙은 물품이 컨테이너터미널에서 인도되는 컨테이너운송방식에는 적합지 않으며 이런 경우에는 FCA 규칙을 사용하는 것이 좋다.

당사자들은 위험의 이전과 비용의 분담이 이루어지는 지점을 명확하게 하기 위해서 지정선적항에서 물품이 부두나 바지(barge)로부터 선박으로 이동하는 적재지점을 가급적 명확하게 명시하는 것이 좋다.

여기서 '조달한다(procure)'고 규정한 것은 특히 일차상품거래(commodity trades)에서 일반적인 수차에 걸쳐 연속적으로 이루어지는 연속매매(string sale)에 적용하기 위함이다.

FAS에서는 매도인이 수출통관을 해야 하지만 수입통관, 수입관세

비용의 분기점	매수인이 지정한 선박의 선측에서 물품을 인도하였을 때
위험의 분기점	매수인이 지정한 선박의 선측에서 물품을 인도하였을 때
운송계약	매수인
보험계약	매수인
수출통관	매도인
수입통관	매수인
표기방법	FAS + 지정된 선적항

를 납부하거나 수입통관절차를 수행할 의무가 없다.

④ FCA: Free Carrier(운송인인도조건)

수출국 내의 지정된 장소에서 매수인이 지정한 운송인에게 물품을 인도하는 규칙이다. 지정장소가 매도인의 영업구내인 경우에는 매수인이 제공한 운송수단에 적재하여 인도하고, 그밖의 경우에는 매도인의 운송수단에 실린 채 양하준비된 상태로 매수인이 지정한 운송인에게 인도한다. 상기한 인도장소는 위험이 매수인에게 이전되는 곳이자 매수인의 비용부담이 시작되는 시점이 된다.

본 규칙은 운송방식에 상관없이 사용할 수 있으며, 복수의 운송방식이 사용되는 경우에도 사용할 수 있다. 본 규칙에서 지정된 인도장소에서 위험이 이전되고 비용부담의 기준점이 되므로 당사자들은 지정인도장소 내에 정확한 지점을 명시하는 것이 바람직하다.

본 규칙에서 매도인은 물품의 수출통관을 해야 하지만 수입통관, 수입관세를 납부하거나 수입통관절차를 수행할 의무가 없다.

FCA 규칙의 경우 물품이 선박에 적재되기 전에 물품의 인도가 이루어지므로 본선적재표기가 있는 선하증권(on board B/L)을 필요한 경우에는 매수인이 운송인에게 본선적재표시가 있는 선하증권을 발행하도록 지시하여야 한다.

비용의 분기점	매수인이 지정한 운송인에게 물품을 인도했을 때
위험의 분기점	매수인이 지정한 운송인에게 물품을 인도했을 때
운송계약	매수인
보험계약	매수인
수출통관	매도인
수입통관	매수인
표기방법	FCA + 지정된 인도장소

⑤ CFR: Cost and Freight(운임포함인도조건)

선적항에서 물품을 적재하여 인도하거나 이미 그렇게 인도된 물품을 조달하고, 지정된 목적항까지의 운임을 매도인이 부담하는 규칙이다. 위험은 물품이 선박에 적재된 때 이전되고, 매도인은 명시된 물품이 실제로 목적지에 양호한 상태로 도착하는지를 불문하고 물품인도의무를 이행한 것으로 된다. CFR에서 매도인은 매수인에 대하여 보험부보의 의무가 없다. 따라서 매수인은 스스로 부보하는 것이 좋다.

본 규칙은 해상이나 내수로운송방식에만 사용되어야 하며, 물품이 컨테이너터미널에서 운송인에게 인도되는 경우에는 CFR 대신에 CPT 규칙을 사용하는 것이 좋다. 여기서 '조달한다(procure)'고 규정한 것은 특히 일차상품거래(commodity trades)에서 일반적인 수차에 걸쳐 연속적으로 이루어지는 연속매매(string sale)에 적용하기 위함이다.

CFR에서 매도인은 선적항부터 합의된 목적항까지 운송하는 계약을 체결하여야 하며, 이때 물품의 인도는 선적항에서 이루어지고, 그 시점에 위험이 이전된다.

계약서에 항상 목적항을 명시하지만, 위험이 매수인에게 이전되는 선적항은 명시하지 않을 수도 있다. 선적항이 매수인의 관심사항인 경우에는 계약서에 선적항을 가급적 정확하게 명시하는 것이 좋다.

당사자들은 지정 목적항에서 비용의 분담이 이루어지기 때문에 지정 목적항 내의 지점을 가급적 정확하게 지정하는 것이 좋다. 해상운송구간을 복수의 운송인이 담당하는 경우에는 물품이 제1운송인에게 인도될 때 위험이 이전되는 것으로 간주한다.

매도인은 운송계약에 의거 목적항에서 발생한 양하비용을 부담한 경우에 당사자 간에 달리 합의되지 않는 한 그러한 비용을 매수인으

비용의 분기점	지정된 목적항에 물품이 도착하였을 때
위험의 분기점	선박에 물품을 적재하였을 때
운송계약	매도인
보험계약	매수인
수출통관	매도인
수입통관	매수인
표기방법	CFR + 지정된 목적항

로부터 별도로 상환받을 권리가 없다.

CFR에서는 매도인이 수출통관을 해야 하지만 수입통관, 수입관세를 납부하거나 수입통관절차를 수행할 의무가 없다.

⑥ CIF: Cost Insurancc and Frcight (운임보험료인도조건)

선적항에서 물품을 적재하여 인도하거나 이미 그렇게 인도된 물품을 조달하고, 지정된 목적항까지의 운임과 보험료를 매도인이 부담하는 규칙이다. 위험은 물품이 선박에 적재된 때 이전되고, 매도인은 명시된 물품이 실제로 목적지에 양호한 상태로 도착하는지를 불문하고 물품인도의무를 이행한 것으로 된다.

본 규칙은 해상이나 내수로운송방식에만 사용되어야 하며, 물품이 컨테이너터미널에서 운송인에게 인도되는 경우에는 CIF 대신에 CIP 규칙을 사용하는 것이 좋다. 여기서 '조달한다(procure)'고 규정한 것은 특히 일차상품거래(commodity trades)에서 일반적인 수차에 걸쳐 연속적으로 이루어지는 연속매매(string sale)에 적용하기 위함이다.

CIF에서 매도인은 선적항부터 합의된 목적항까지 운송하는 계약을 체결하여야 하며, 이때 물품의 인도는 선적항에서 이루어지고, 그 시점에 위험이 이전된다.

계약서에 항상 목적항을 명시하지만, 위험이 매수인에게 이전되는 선적항은 명시하지 않을 수도 있다. 선적항이 매수인의 관심사항인 경우에는 계약서에 선적항을 가급적 정확하게 명시하는 것이 좋다.

당사자들은 지정 목적항에서 비용의 분담이 이루어지기 때문에 지정 목적항 내의 지점을 가급적 정확하게 지정하는 것이 좋다. 해상운송구간을 복수의 운송인이 담당하는 경우에는 물품이 제1운송인에게 인도될 때 위험이 이전되는 것으로 간주한다.

매도인은 선적항부터 적어도 목적항까지 물품의 멸실이나 훼손과 같은 매수인의 위험에 대해서 보험계약을 체결해야 한다. 만약 목적지 국가가 자국의 보험자에게 부보하도록 요구하는 경우에는 CFR로 매매하는 것을 고려해야 한다. 또한 CIF에서 매도인은 협회적하약관(C)으로 보험에 가입해야 하지만, 당사자 간의 합의에 의해 더 높은 수준의 보험에 가입하는 것을 합의할 수 있다.

매도인은 운송계약에 의거 목적항에서 발생한 양하비용을 부담한 경우 당사자 간에 달리 합의되지 않는 한 그러한 비용을 매수인으로

비용의 분기점	지정된 목적항에 물품이 도착하였을 때
위험의 분기점	선박에 물품을 적재하였을 때
운송계약	매도인
보험계약	매도인
수출통관	매도인
수입통관	매수인
표기방법	CIF + 지정된 목적항

부터 별도로 상환받을 권리가 없다.

CIF에서는 매도인이 수출통관을 해야 하지만 수입통관, 수입관세를 납부하거나 수입통관절차를 수행할 의무가 없다.

⑦ CPT: Carriage Paid To(운송비지급인도조건)

매도인과 계약을 체결한 운송인에게 물품을 인도하거나 이미 그렇게 인도한 물품을 조달하고, 지정된 목적지까지의 운송비를 매도인이 부담하는 규칙이다. 위험은 운송인에게 물품을 인도했을 때 이전되고, 매도인은 명시된 물품이 실제로 목적지에 양호한 상태로 도착하는지를 불문하고 물품인도의무를 이행한 것으로 된다.

본 규칙은 운송방식에 상관없이 사용할 수 있으며, 복수의 운송방식이 사용되는 경우에도 사용할 수 있다.

본 규칙은 물품의 인도장소와 목적지로서 합의된 장소 또는 지점이 중요하며, 당사자들은 매매계약서에 가급적 정확하게 실제인도장소와 목적지를 지정하는 것이 좋다.

여기서 '조달한다(procure)'고 규정한 것은 특히 일차상품거래(commodity trades)에서 일반적인 수차에 걸쳐 연속적으로 이루어지는 연속매매(string sale)에 적용하기 위함이다.

매도인은 운송계약에 의거 목적지에서 발생한 양하비용을 부담한 경우에 당사자 간에 달리 합의되지 않는 한 그러한 비용을 매수인으로부터 별도로 상환받을 권리가 없다.

CPT에서는 매도인이 수출통관을 해야 하지만 수입통관, 수입관세를 납부하거나 수입통관절차를 수행할 의무가 없다.

비용의 분기점	지정된 목적지에 물품이 도착하였을 때
위험의 분기점	매도인과 계약을 체결한 운송인에게 물품을 인도하였을 때
운송계약	매도인
보험계약	매수인
수출통관	매도인
수입통관	매수인
표기방법	CPT + 지정된 목적지

⑧ CIP: Carriage and Insurance Paid To (운송비보험료지급인도조건)

매도인과 계약을 체결한 운송인에게 물품을 인도하거나 이미 그렇게 인도한 물품을 조달하고, 지정된 목적지까지의 운송비와 보험료를 매도인이 부담하는 규칙이다. 위험은 운송인에게 물품을 인도했을 때 이전되고, 매도인은 명시된 물품이 실제로 목적지에 양호한 상태로 도착하는지를 불문하고 물품인도의무를 이행한 것으로 된다.

본 규칙은 운송방식에 상관없이 사용할 수 있으며, 복수의 운송방식이 사용되는 경우에도 사용할 수 있다.

본 규칙은 물품의 인도장소와 목적지로서 합의된 장소 또는 지점이 중요하며, 당사자들은 매매계약서에 가급적 정확하게 실제 인도장소와 목적지를 지정하는 것이 좋다.

매도인은 선적항부터 적어도 목적항까지 물품의 멸실이나 훼손과 같은 매수인의 위험에 대해 보험계약을 체결해야 한다. 만약 목적지 국가가 자국의 보험자에게 부보하도록 요구하는 경우에는 CPT로 매매하는 것을 고려해야 한다. 또한 CIP에서 매도인은 협회적하약관 ICC(A)로 보험에 가입해야 하지만, 당사자 간 합의에 의해 더 낮은 수준의 보험에 가입하는 것을 합의할 수 있다.

여기서 '조달한다(procure)'고 규정한 것은 특히 일차상품거래(commodity trades)에서 일반적인 수차에 걸쳐 연속적으로 이루어지는 연속매매(string sale)에 적용하기 위함이다.

매도인은 운송계약에 의거 목적지에서 발생한 양하비용을 부담한

비용의 분기점	지정된 목적지에 물품이 도착하였을 때
위험의 분기점	매도인과 계약한 운송인에게 물품을 인도하였을 때
운송계약	매도인
보험계약	매도인
수출통관	매도인
수입통관	매수인
표기방법	CIP + 지정된 목적지

경우에 당사자 간에 달리 합의되지 않는 한 그러한 비용을 매수인으로부터 별도로 상환받을 권리가 없다.

CIP에서는 매도인이 수출통관을 해야 하지만 수입통관, 수입관세를 납부하거나 수입통관절차를 수행할 의무가 없다.

⑨ DAP: Delivered At Place(도착지인도조건)

물품이 지정된 목적지에서 도착운송수단에 실어둔 채 양하준비된 상태로 매수인의 처분에 놓인 때 인도되는 규칙이다. 매도인은 물품을 지정목적지까지 가져가는 데 수반되는 모든 위험과 비용(수입통관비용 제외)을 부담한다.

본 규칙은 운송방식에 상관없이 사용할 수 있으며, 복수의 운송방식이 사용되는 경우에도 사용할 수 있다.

본 규칙은 목적지에서 위험이 매수인에게 이전되므로 가급적 명확하게 목적지점을 명시하는 것이 좋다. 목적지 전의 비용은 매도인이 부담하고 그 후의 비용은 매수인이 부담한다. 매도인은 합의된 목적지까지 운송하는 계약을 체결하거나 운송을 마련하여야 한다.

여기서 '조달한다(procure)'고 규정한 것은 특히 일차상품거래(commodity trades)에서 일반적인 수차에 걸쳐 연속적으로 이루어지는 연속매매(string sale)에 적용하기 위함이다.

매도인은 도착운송수단으로부터 물품을 양하(unload)할 필요는 없으나 운송계약에 의거 목적지에서 발생한 양하비용을 부담한 경우에 당사자 간에 달리 합의되지 않는 한 그러한 비용을 매수인으로부터 별도로 상환받을 권리가 없다.

DAP에서는 매도인이 수출통관을 해야 하지만 수입통관, 수입관세를 납부하거나 수입통관절차를 수행할 의무가 없다.

비용의 분기점	지정된 목적지에 물품이 도착하였을 때
위험의 분기점	지정된 목적지에 물품이 도착하였을 때
운송계약	매도인
보험계약	매도인
수출통관	매도인
수입통관	매수인
표기방법	DAP + 지정된 목적지

⑩ DPU: Delivered at Place Unloaded (도착지양하조건)

물품이 지정된 목적지에서 도착운송수단으로부터 양하된 상태로 매수인의 처분에 놓인 때 인도되고 위험이 이전되는 규칙이다. 매도인은 물품을 지정목적지까지 가져가서 양하될 때까지 수반되는 모든 위험과 비용(수입통관비용 제외)을 부담한다. 매도인이 양하의 위험과 비용을 부담하는 것을 원하지 않는 경우에는 DPU를 피하고 DAP를 사용하여야 한다.

본 규칙은 운송방식에 상관없이 사용할 수 있으며, 복수의 운송방식이 사용되는 경우에도 사용할 수 있다.

본 규칙은 목적지에서 위험이 매수인에게 이전되므로 가급적 명확하게 목적지점을 명시하는 것이 좋다. 목적지 전의 비용은 매도인이 부담하고 그 후의 비용은 매수인이 부담한다. 매도인은 합의된 목적지까지 운송하는 계약을 체결하거나 운송을 마련하여야 한다.

여기서 '조달한다(procure)'고 규정한 것은 특히 일차상품거래(commodity trades)에서 일반적인 수차에 걸쳐 연속적으로 이루어지는 연속매매(string sale)에 적용하기 위함이다.

DPU에서는 매도인이 수출통관을 해야 하지만 수입통관, 수입관세를 납부하거나 수입통관절차를 수행할 의무가 없다.

비용의 분기점	지정된 목적지에 물품이 도착하여 내려졌을 때
위험의 분기점	지정된 목적지에 물품이 도착하여 내려졌을 때
운송계약	매도인
보험계약	매도인
수출통관	매도인
수입통관	매수인
표기방법	DPU + 지정된 목적지

⑪ DDP: Delivered Duty Paid(관세지급인도조건)

물품이 지정된 목적지에서 수입통관 후 도착운송수단에 실어둔 채 양하준비된 상태로 매수인의 처분에 놓인 때 인도되는 규칙이다. 매도인은 물품을 지정목적지까지 가져가는 데 수반되는 모든 위험과 비용을 부담한다.

본 규칙은 운송방식에 상관없이 사용할 수 있으며, 복수의 운송방식이 사용되는 경우에도 사용할 수 있다.

본 규칙은 인도가 도착지에서 일어나고 매도인이 수입관세와 해당되는 세금의 납부책임을 지므로 11가지 인코텀즈 규칙 중에서 매도인에게 최고수준의 의무를 부과하는 규칙이다.

본 규칙은 목적지에서 위험이 매수인에게 이전되므로 가급적 명확하게 목적지점을 명시하는 것이 좋다. 목적지 전의 비용은 매도인이 부담하고 그 후의 비용은 매수인이 부담한다. 매도인은 합의된 목적지까지 운송하는 계약을 체결하거나 운송을 마련하여야 한다.

여기서 '조달한다(procure)'고 규정한 것은 특히 일차상품거래(commodity trades)에서 일반적인 수차에 걸쳐 연속적으로 이루어지는 연속매매(string sale)에 적용하기 위함이다.

매도인은 운송계약에 의거 목적지에서 발생한 양하비용을 부담한 경우에 당사자 간에 달리 합의되지 않는 한 그러한 비용을 매수인으로부터 별도로 상환받을 권리가 없다.

DDP에서는 매도인이 수출통관 및 수입통관을 하여야 하고 또한 수입관세를 납부하거나 모든 통관절차를 수행하여야 한다. 따라서 수입통관을 매수인에게 맡기고자 하는 경우에는 DAP나 DPU를 선택하는 것을 고려해야 한다.

비용의 분기점	지정된 목적지에 물품이 도착하였을 때
위험의 분기점	지정된 목적지에 물품이 도착하였을 때
운송계약	매도인
보험계약	매도인
수출통관	매도인
수입통관	매도인
표기방법	DDP + 지정된 목적지

인코텀즈 실무

인코텀즈가 실무적으로 중요한 것은 위험의 이전시점에 따라 수출자와 수입자 중 누가 보험을 들지가 정해지고, 비용의 분담이 어디에서 이루어지느냐에 따라 원가계산이 달라지기 때문이다. 인코텀즈에서 규정한 위험의 이전시점과 비용의 분담지점에 따라 보험을 누가 들고 원가계산을 어떻게 하는지 정리해보면 다음과 같다.

보험

물건이 수출국에서 수입국으로 이동하는 동안에 발생하는 사고에 따르는 손해를 보상해주는 적하보험의 경우 수입국에서 위험의 이전이 이루어지는 DAP, DPU, DDP 등 3가지 조건에서는 수출자가 보험을 들고, 수출국에서 위험의 이전이 이루어지는 나머지 조건에서는 수입자가 보험을 들어야 한다. 다만 수출국에서 위험의 이전이 이루어지는 8가지 조건 중 CIF와 CIP 조건에서는 예외적으로 수출자가 수입자를 대신해서 보험에 들도록 규정해놓고 있다.

따라서 CIF나 CIP 조건으로 계약하면 보험은 수출자가 가입하지만 사고가 났을 때 보상은 수입자가 받게 되므로 수출자는 보험에 가입한 후 보험회사로부터 보험증권을 받아서 직접 또는 은행을 통해 수입자에게 보내주어야 한다. 인코텀즈 2020에서는 CIF 조건은 협회적하약관 ICC(C), CIP 조건은 협회적하약관 ICC(A)로 보험에 가입하도록 규정해놓았지만 당사자 간의 합의에 따라 부보조건을 바꿀 수 있다.

CIF와 CIP를 제외한 나머지 9가지 조건에 대해서는 인코텀즈에서로 상대방을 위해 보험에 가입할 의무가 없다고 규정해놓았지만, 위험의 이전시점에 따라 DAP, DPU, DDP 조건에서는 수출자가, EXW, FOB, FAS, FCA, CFR, CPT 조건에서는 수입자가 자신을 위해서 보험에 가입하는 것이 바람직하다.

결론적으로 11가지 정형거래조건 중에서 CIF, CIP, DAP, DPU, DDP 등 5가지 조건 중 하나로 계약하면 수출자가 보험에 가입하고, 나머지 6가지 조건 중 하나로 계약하면 수입자가 보험에 가입해야 한다.

원가계산

수출자는 공장도가격에 정형거래조건별로 수출자가 부담해야 하는 부대비용(운송비, 보험료, 통관비 등)을 더해 수출원가를 계산하고 여기에 수출자의 마진을 더해 수입자에게 제시하면 된다. 수입자는 수출자가 제시한 가격에다 정형거래조건별로 수입자가 부담해야 하는 부대비용을 더해 수입원가를 계산한다. 인코텀즈 2020에서 규정한 비용의 분담시점에 따라서 11가지 조건별로 수출자와 수입자가 부담해야 하는 부대비용을 정리하면 다음 표와 같다.

거래조건	수출국 내륙운송비	수출 통관비	해상 (항공)운임	보험료	수입 통관비	수입국 내륙운송비
EXW						
FCA	△	○				
FAS	○	○				
FOB	○	○				
CFR	○	○	○			
CIF	○	○	○	○		
CPT	○	○	○			△
CIP	○	○	○	○		△
DAP	○	○	○	○		△
DPU	○	○	○	○		△
DDP	○	○	○	○	○	△

위의 표에서 개별 조건별로 ○ 표시한 항목이 해당 거래조건에서

수출자가 부담해야 할 부대비용을 뜻하며, 빈칸으로 표시한 항목은 수입자가 부담해야 할 부대비용을 뜻한다. 따라서 수출원가를 계산할 때는 개별 조건별로 공장도가격에다 ○ 표시를 한 부대비용을 더하면 되고, 수입원가는 수출자가 제시한 금액에다 빈칸으로 표시한 부대비용을 더해 계산하면 된다.

예를 들어 CIF 조건으로 거래한다면, 수출자는 수출국내륙운송비, 수출통관비, 해상(항공)운임, 보험료 등을 더해 수출원가를 계산하고, 수입자는 수출자가 제시하는 가격에다 수입통관비, 수입국내륙운송비 등을 더해 수입원가를 계산하면 된다.

위의 표에서 △로 표시한 것은 발생할 수도 있고 발생하지 않을 수도 있다는 뜻이다. 즉 FCA 조건에서 인도장소가 공장이나 창고인 경우에는 수출자가 수출국내륙운송비를 부담할 필요가 없으며, CPT, CIP, DAP, DPU, DDP 조건에서 인도장소가 항구인 경우에는 수입국의 내륙운송비를 부담할 필요가 없다.

정형거래조건의 선택

실제 거래에서 어떤 정형거래조건을 적용할지는 수출자와 수입자의 합의에 따른다. 일반적으로 수출자가 임의의 거래조건(주로 FOB나 CIF)을 적용한 가격을 산출해서 수입자에게 제시하면, 수입자는 거래조건을 그대로 두고 가격만 네고하거나, 다른 거래조건으로 변경을 요청할 수도 있다.

수입자가 거래조건의 변경을 요청할 경우 수출자는 수입자가 원하는 거래조건을 적용한 가격을 새로 산출하여 제시해야 한다. 예를 들어 FOB 조건으로 가격을 제시했는데 CIF 조건으로 바꿔달라고 하면 이미 제시했던 가격에다 목적항까지의 해상운임과 보험료를 더해 제시하면 된다.

수출자의 입장에서 보면 거래조건에 따라 자신이 부담해야 하는 비용 및 위험을 반영한 가격을 수입자로부터 지급받게 되므로 어떤 거래조건을 적용하는 것이 유리 또는 불리하다고 단정할 수는 없다. 다만 비용 및 위험을 부담하는 구간이 큰 거래조건일수록 그만큼 신경을 많이 써야 하고 운송계약이나 보험계약에 따르는 일거리가 늘어나게 되므로 불편하다고 할 수 있다.

수입자의 입장에서도 어떤 거래조건을 적용하는 것이 유리 또는 불리하다고 단정할 수는 없으나, 수출자가 비용 및 위험을 부담하는 구간이 클수록 수입자로서는 그만큼 신경을 덜 써도 되고 운송계약이나 보험계약에 따르는 일거리도 줄어들게 되어 편리하다고 할 수 있다.

다만 수입자가 상대적으로 대기업이거나 수입물량이 많아서 운송계약이나 보험계약을 좀 더 유리한 조건으로 체결할 수 있다면 가급적 FOB와 같이 운송비나 보험료가 포함되지 않은 거래조건으로 계약함으로써 운송비나 보험료를 절약할 수 있다.

반대로 수출자가 상대적으로 대기업이거나 수출물량이 많아서 운송계약이나 보험계약을 유리한 조건으로 체결할 수 있다면 가급적 CIF와 같이 운송비나 보험료가 포함된 거래조건으로 계약하는 것이 바람직하다.

인코텀즈에서 규정한 대로 FOB, CFR, CIF 등의 거래조건은 해상 및 내수로 운송에만 사용할 수 있는 조건이며, 항공운송의 경우에는 FOB 대신에 FCA, CFR 대신에 CPT, CIF 대신에 CIP를 각각 사용해야 한다.

또한 해상운송인 경우라도 컨테이너에 탑재하여 운송할 때는 선박에 적재하여 인도하는 대신 선적항의 컨테이너터미널에서 운송인에게 인도하는 것이 일반적이므로 FOB 대신에 FCA, CFR 대신에 CPT, CIF 대신에 CIP를 사용하는 것이 바람직하다.

위에 언급한 내용에도 불구하고 무역현장에서는 아직도 운송방식과 상관없이 FOB, CFR, CIF 조건을 사용하는 경우가 많으며, 이때 FOB 조건은 FOB 뒤에 명시된 지점까지 발생한 비용을 가격에 포함시키는 것으로 간주하고, CFR 및 CIF 조건에서는 CFR, CIF 뒤에 명시된 지점까지 발생한 비용을 가격에 포함시키는 것으로 간주한다.

한편 당사자 간의 합의에 따라 EXW Loaded, FOB ST LSD, DDP VAT Excluded와 같은 변형조건을 사용할 수 있다. EXW Loaded는 공장이나 창고와 같은 지정된 장소에서 물품을 적재하여 인도하는 변형조건이고, FOB ST LSD(Stowed and Trimmed, Lashing/Securing/Dunnaging)는 선박에 물품을 적재한 후 정돈해서 고정한 상태로 인도하는 변형조건이며, DDP VAT Excluded는 수입자가 부가세를 환급받을 수 있도록 DDP 조건에서 수출자가 부담해야 할 비용 중에서 부가세를 제외하는 변형조건이다.

인코텀즈의 법적 구속력

인코텀즈는 UN에서 제정한 국제협약이 아니므로 법적 구속력을 갖게 하기 위해서는 계약서에 아래 인용한 문구와 같이 거래당사자 간에 거래조건에 대한 해석을 인코텀즈에 따른다는 취지의 조항을 포함시키는 것이 좋다.

All trade terms provided in this contract shall be interpreted in accordance with the latest Incoterms of the International Chamber of Commerce.

부록 2

주제별 무역용어

이 책의 여러 곳에서, 무역실무 책에 나오는 무역용어 중에는 실무에서 거의 사용되지 않는 용어들이 많으므로 미리 무역실무 책에 나오는 용어들을 완벽하게 익힌 다음 실무에 나서기보다는 기본적인 용어만 이해하고 모르는 용어가 나오면 그때 가서 따로 확인해도 늦지 않다는 것을 강조한 바 있다. 아울러 실무에서 자주 쓰이는 기본적인 무역용어에 대해 설명하고 실전사례를 들어 이들 용어가 실제로 어떻게 사용되는지를 보여준 바 있다.

이렇게 실제로 무역업무를 수행하는 데 꼭 알아두어야 할 무역용어가 그다지 많지 않다는 것을 아무리 강조해도 새로 무역에 입문하는 사람들 중에는 혹시 용어를 몰라서 일을 그르치지는 않을까 하는 걱정이 앞서서 무역실무 책에 끝없이 나열되어 있는 생소한 용어들과 씨름하다가 제풀에 지쳐 중도에 포기해버리는 경우가 많다.

이런 사람들의 막연한 두려움을 없애주기 위해 무역실무와 관련된 용어들을 주제별로 정리해서 간략한 해설과 함께 소개한다. 용어는 국문(國文)을 먼저 표기하는 것을 원칙으로 하였으나 국문명칭이 없거나 실무에서 영문(英文)명칭의 사용이 일반적인 경우는 영문을 먼저 표기하였다. 여기에 소개한 용어 중에도 개개인의 거래방식이나 형태에 따라 평생 한 번도 마주치지 않을 용어들이 다수 포함되어 있을 수 있다. 또한 아주 드물게나마 여기 소개되지 않은 용어와 만나는 경우도 있을 수 있다.

따라서 여기에 소개된 무역용어들도 미리 완벽하게 자기 것으로 만들려고 애쓰지 말고 한두 번 훑어본 후 업무를 처리해나가는 과정에서 모르는 용어가 나오면 참조하는 식으로 활용할 것을 권한다.

무역일반

대외무역법 수출입거래를 관리하는 기본법으로서 대외무역을 진흥하고 공정한 거래질서를 확립하여 국제수지의 균형과 통상의 확대를 도모함으로써 국민경제의 발전에 이바지함을 목적으로 함

외국환거래법 외국환거래를 적절하게 관리함으로써 대외거래를 원활하게 하고 국제수지의 균형, 통화가치의 안정 및 외화자금의 효율적 운영을 도모하기 위한 법

관세법 수출입물품의 통관과 관세의 부과 및 징수를 총괄하는 법으로서 수출입물품의 통관을 적절하게 하고 관세수입을 확보함으로써 국민경제의 발전을 도모하는 것을 목적으로 함

개별법 식품위생법, 약사법, 화장품법, 전기용품안전관리법 등과 같이 무역과 직접적인 관련이 없는 법이지만 무역거래를 규제할 수 있는 법

수출입품목관리제도 사업자등록만 하면 누구나 자유롭게 무역을 할 수 있도록 허용하지만 품목에 따라서는 수출입을 제한함으로써 국가경제나 국민을 보호하기 위한 제도

수출입공고 수출입품목을 관리하기 위한 기본공고로서 Negative

List System에 의해서 품목별로 수출입을 관리함

통합공고 식품위생법, 약사법, 화장품법, 전기용품안전관리법, 자연환경보호법 등과 같은 개별법에 의한 품목별 수출입제한 내용을 통합하여 공고하는 것

전략물자수출입고시 전략물자의 수출입을 통제함으로써 국제평화 및 안전과 국가안보를 유지하기 위한 규정

위탁가공무역 외국의 가공업체에게 물품을 제조하는 데 필요한 원부자재를 공급해주고 물품을 가공하도록 한 다음 가공한 물품을 국내로 들여오거나 현지에서 제3국으로 수출하는 거래형태

중계무역 제3국에서 생산된 물건을 구입하여 또 다른 제3국으로 수출하는 거래형태

중개무역 자신이 직접 수출입거래를 하지 않고 제3국의 수출자와 수입자 간의 거래를 중개해주고 수수료를 취하는 것

오퍼상(Commission Agent) 외국의 수출업자를 대신해서 국내수입업자로부터 오더를 수주하고 커미션을 받는 무역에이전트

바잉오피스(Buying Office) 외국의 수입업자를 대신해서 국내수출물

품의 구매를 관리하는 무역에이전트

OEM(주문자상표부착방식) Original Equipment Manufacturing의 약자로서 주문자가 지정한 상표를 부착하여 물건을 생산해서 공급하는 방식

ODM(제조업자개발생산) Original Development Manufacturing의 약자로서 제조업자가 자체 개발한 기술을 바탕으로 물건을 생산하여 주문자에게 공급하는 방식

BWT(보세창고도거래) Bonded Warehouse Transaction의 약자로서 수출자가 자신의 위험과 비용으로 수입국의 보세창고에 물품을 입고시키고 수입통관을 밟지 않은 상태에서 현지에서 물품을 판매하는 방식

거래조건(Trade Terms) 수출자와 수입자 간의 무역거래에 따르는 비용과 위험부담을 명확히 하기 위한 조건

결제방식(Payment Terms) 무역거래에 따르는 물품대금의 지급방식

신용장(Letter of Credit) 개설은행에서 수출자에게 신용장에 명시된 선적서류와 상환하여 수출대금을 지급하겠다고 약속하는 증서

선적서류(Shipping Documents) 선적사실을 확인하고 물품을 찾을 수 있도록 수출자가 수입자에게 보내주는 서류로서 상업송장(Commercial Invoice), 포장명세서(Packing List), 선하증권(Bill of Lading) 등이 있음

샘플오더(Sample Order) 수입판매가능성을 타진하고 시장조사의 목적으로 소량의 물건을 주문하는 것

시험오더(Trial Order) 물건을 직접 시장에 판매하면서 소비자들의 반응을 살펴보기 위해서 일정규모의 물량을 주문하는 것

본오더(Main Order) 시험오더해서 판매해본 결과 시장성이 확인된 물건을 본격적으로 주문하는 것

재오더(Repeat Order) 한 번 주문했던 물건을 다시 주문하는 것

병행수입(Parallel Import) 원산지의 제조업자로부터 직접 수입하지 않고 유통시장에서 구입하여 수입하는 것

거래조건

인코텀즈(INCOTERMS) International Commercial Terms의 약어로서 국제상업회의소(ICC, International Chamber of Commerce)에서 제정

한 정형거래조건에 관한 국제규칙(ICC rule for the use of domestic and international trade terms)으로서 보험을 누가 들지를 판단하고 수출입원가를 계산하는 기준이 됨

EXW(공장인도조건) Ex Works의 약자로서 공장이나 창고와 같은 지정된 장소에서 수출통관을 하지 않은 물품을 인도하는 조건

FOB(본선인도조건) Free On Board의 약자로서 지정된 선적항에서 수입자가 지정한 선박에 물품을 적재하여 인도하는 조건

FAS(선측인도조건) Free Alongside Ship의 약자로서 지정된 선적항에서 수입자가 지정한 선박의 선측에서 물품을 인도하는 조건

FCA(운송인인도조건) Free Carrier의 약자로서 수출국 내의 지정된 장소에서 수입자가 지정하는 운송인에게 수출통관이 완료된 물품을 인도하는 조건

CFR(운임포함인도조건) Cost and Freight의 약자로서 선적항에서 물품을 적재하여 인도하고 지정된 목적항까지의 운임을 수출자가 부담하는 조건

CIF(운임보험료포함인도조건) Cost Insurance and Freight의 약자로서 선적항에서 물품을 적재하여 인도하고 지정된 목적항까지의 운임

과 보험료를 수출자가 부담하는 조건

CPT(운송비지급인도조건) Carriage Paid To의 약자로서 수출자가 선택한 운송인에게 물품을 인도하고 지정된 목적지까지의 운송비를 수출자가 부담하는 조건

CIP(운송비보험료지급인도조건) Carriage and Insurance Paid To의 약자로서 수출자가 선택한 운송인에게 물품을 인도하고 지정된 목적지까지의 운송비와 보험료를 수출자가 부담하는 조건

DAP(도착지인도조건) Delivered At Place의 약자로서 지정된 목적지에 도착한 운송수단에서 물품을 내리지 않은 상태로 인도하는 조건

DPU(도착지양하인도조건) Delivered at Place Unloaded의 약자로서 지정된 목적지에 도착한 운송수단에서 물품을 내려서 인도하는 조건

DDP(관세지급인도조건) Delivered Duty Paid의 약자로서 수입통관된 물품을 지정된 목적지에 도착한 운송수단에서 내리지 않은 상태로 인도하는 조건

결제방식

신용장 결제방식 은행에서 발행하는 신용장(Letter of Credit)에 의해 결제하는 방식

송금방식(T/T, Telegraphic Transfer) 은행을 통해 상대방의 계좌로 대금을 송금하는 결제방식

사전송금방식 물건이 선적 또는 인도되기 전에 미리 물품대금을 송금하는 방식

사후송금방식 물건이 선적되거나 인도된 후에 물품대금을 송금하는 방식

OA(Open Account) 사후송금방식으로 수출하고 발생한 외상수출채권을 은행과 약정을 맺고 미리 지급받는 방식

COD(Cash On Delivery) 물품의 인도와 상환하여 물품대금을 지급하는 방식

CAD(Cash Against Documents) 선적서류와 상환하여 물품대금을 지급하는 방식

추심결제방식 은행에서 수입자로부터 대금을 수령하여 수출자에게 전달해주는 방식으로 D/P와 D/A로 나뉨

D/P(Documents Against Payment) 수입자가 물품대금을 지급하고 선적서류를 인수하는 방식

D/A(Documents Against Acceptance) 수입자가 선적서류를 인수하고 일정기간 후에 물품대금을 지급하는 방식

국제팩토링(International Factoring) 무신용장방식으로 수출하고 발생한 외상수출채권을 팩토링회사에 양도하고 수출대금을 지급받는 방식

포페이팅(Forfaiting) 무역거래에서 발생하는 장기외상채권을 신용장 또는 은행에서 발행하는 지급보증서나 보증(Aval)을 근거로 포페이터(forfaitor)에게 할인양도하는 방식으로서 대금결제방식이라기보다는 금융기법의 일종임

신용장(Letter of Credit)

취소불능신용장(Irrevocable L/C) 당사자 전원의 동의가 없이는 취소가 불가능한 신용장

화환신용장(Documentary L/C) 수출자가 물건을 선적하고 선적서류와 상환하여 대금을 지급받는 신용장

일람불신용장(At Sight L/C) 선적서류 제시 즉시 대금이 결제되는 신용장

기한부신용장(Usance L/C) 선적서류 제시 후 일정기간 후에 대금이 결제되는 신용장

Shipper's Usance L/C 유선스 기간의 이자를 수출자가 부담하는 기한부신용장

Banker's Usance L/C 유선스 기간의 이자를 수입자가 부담하는 기한부신용장으로서 수출자는 at sight L/C와 마찬가지로 선적 즉시 대금을 수령할 수 있음

Negotiation L/C(매입신용장) 수출자가 개설은행으로부터 직접 대금을 수령하지 않고 매입은행으로부터 대금을 지급받는 신용장

Payment L/C(지급신용장) 수출자가 개설은행의 지점 또는 예치환거래은행으로부터 수출대금을 지급받는 신용장

양도가능신용장(Transferable L/C) 신용장 금액의 일부 또는 전부를

제3자에게 양도할 수 있는 신용장

확인신용장(Confirmed L/C) 개설은행과 별도로 확인은행이 신용장에 명시된 대금의 지급을 확약하는 신용장

회전신용장(Revolving L/C) 동일한 수출자로부터 동일한 물품을 반복해서 수입할 경우 이미 사용된 신용장을 동일한 조건의 새로운 신용장으로 자동적으로 소생시키는 신용장

견질신용장(Back to Back L/C) 원신용장(Master L/C)을 견질로 하여 원자재나 완제품공급자에게 발행하는 제2의 신용장을 뜻하며, 국내공급자를 수익자로 발행되는 Local L/C와 중계무역 시 국외공급자를 수익자로 발행되는 Sub L/C(Baby L/C)가 있음

동시개설신용장(Back to Back L/C) 수출자가 신용장을 받은 날로부터 일정한 기일 내에 수입자에게 Counter L/C를 개설해야 신용장이 유효하다는 조건을 단 신용장

기탁신용장(Escrow L/C) 수출대금을 수출자와 수입자가 합의한 Escrow 계정에 예치한 후 수출자가 수입자에게 Counter L/C를 발급하고 그 결제자금으로만 인출할 수 있도록 하는 신용장

토마스신용장(Tomas L/C) 동시개설신용장과 같으나 언제까지

Counter L/C를 개설하겠다는 내용의 보증서를 제출하도록 한 신용장

보증신용장(Stand-by L/C) 물품거래와 상관없이 순수한 보증목적으로 사용되는 신용장

선대신용장(Red-Clause L/C) 신용장개설의뢰인의 요청에 따라 수출업자에게 수출대금의 일부 또는 전부를 선적서류제출 이전에 미리 지급받을 수 있도록 허용하는 신용장

내국신용장(Local L/C) 수출자가 수취한 신용장을 근거로 국내의 수출용 원자재나 완제품 공급자 앞으로 발행하는 신용장

구매확인서 수출자가 국내공급자로부터 구매하는 원자재 또는 완제품이 수출용 원자재 또는 완제품이라는 사실을 외국환은행이 증명하는 서식

개설의뢰인(Applicant) 개설은행에 신용장 개설을 의뢰하는 수입자

수익자(Beneficiary) 신용장에 의거해 수출을 이행하고 은행으로부터 신용장대금을 지급받는 수출자

개설은행(Issuing Bank) 수입자의 요청에 의해 신용장을 개설해주는 은행

통지은행(Advising Bank) 개설은행으로부터 신용장을 접수하여 수출자에게 통지해주는 은행

확인은행(Confirming Bank) 개설은행과 별도로 신용장에 명시된 대금의 지급을 확약하는 은행

매입은행(Negotiating Bank) 수출자로부터 신용장에 명기된 선적서류를 매입하고 수출대금을 지급해주는 은행

상환은행(Reimbursing Bank) 매입은행이 개설은행과 거래관계가 없을 경우 제3의 은행을 통해 수출대금의 상환이 이루어지도록 하는데 이러한 역할을 하는 은행을 상환은행이라고 하며 일명 결제은행(Settling Bank)이라고도 함

네고(Negotiation) 매입은행에서 수출자로부터 선적서류를 매입하고 수출대금을 지급하는 것

신용장개설수수료(L/C opening charge) 개설은행에서 수입자를 대신해서 대금지급을 확약하는 데 따르는 보증료 성격으로 징수하는 수수료

신용장통지수수료(advising commission) 통지은행에서 수출자에게 신용장을 통지할 때 징수하는 수수료

신용장확인수수료(confirmation charge) 확인은행에서 별도의 지급확약을 해주는 대가로 징수하는 수수료

환가료(exchange commission) 매입은행이 수출자에게 미리 신용장 대금을 지급하고 개설은행으로부터 동 대금을 수취할 때까지의 기간에 대해 이자 성격으로 징수하는 수수료

미입금수수료(less charge) 매입은행에서 예상치 못했던 수수료가 해외은행으로부터 징수된 경우에 수출자로부터 추징하는 수수료

지연이자(delay charge) 수출의 경우 개설은행으로부터 대금의 입금이 지연되거나, 수입의 경우 수입자의 대금지급이 지연될 경우에 징수하는 수수료

대체료(in lieu of exchange commission) 외화계정으로 입출금을 할 경우 은행에서 외국환매매에 따르는 이익을 얻을 수 없는 것을 보전하기 위해서 징수하는 수수료

Draft(환어음) 수출자가 개설은행 또는 수입자 앞으로 발행하는 지급요청서

Tenor of Draft 환어음의 지급기일

Latest Shipment 최종선적기한

E/D(Expiry Date) 신용장의 유효기간으로서 신용장에서 요구하는 서류를 제출하는 마감시한

S/D(Shipping Date) 선적일자

분할선적(Partial Shipment) 물건을 두 차례 이상 나누어 싣는 것

환적(Transshipment) 물건을 선적항에서 도착항까지 같은 선박으로 운송하지 않고 중간 기착지에서 다른 선박에 옮겨 싣는 것

원산지(Origin) 물품이 생산된 국가

선적지(Shipping Port) 물건이 선적되는 곳

도착지(Destination) 물건이 도착할 곳

신용장통일규칙 신용장에 대한 각기 다른 해석으로 인해 발생하는 분쟁에 대비하기 위해 국제상업회의소(International Chamber of Commerce)에서 제정한 신용장의 해석기준

무역계약

Offer(오퍼) 수출자가 수입자에게 수출할 물건의 명세, 가격, 납기 등의 제반 거래조건을 제시하는 것

Offer Sheet(물품매도확약서) 오퍼의 내용을 명시하여 발행하는 서식

Proforma Invoice(견적송장) 수출자가 수입자와 합의한 계약조건을 명시하여 발행하는 서식

Purchase Order(주문서) 수입자가 수입할 물품의 명세와 계약조건을 명시하여 발행하는 서식

클레임(Claim) 계약당사자 중 한쪽에서 계약을 제대로 이행하지 않았을 때 피해자가 상대방에게 손해보상을 청구하는 권리 또는 손해배상을 요구하는 것

알선(Intermediation) 당사자의 일방 또는 쌍방의 의뢰에 따라 상공회의소, 상사중재원 등과 같은 기관에서 타협안을 제시함으로써 클레임을 해결하는 방식

조정(Conciliation) 당사자 쌍방의 조정합의에 따라 공정한 제3자를 조정인으로 선임하여 분쟁해결방안을 제시해줄 것을 요청하고, 조정인

이 제시하는 조정안에 쌍방이 동의함으로써 클레임을 해결하는 방법

중재(Arbitration) 당사자 쌍방의 중재합의에 의하여 공정한 제3자를 중재인으로 선정하고, 중재인이 내린 중재판정에 무조건 복종함으로써 분쟁을 해결하는 방식

소송(Litigation) 사법기관의 판결에 의하여 무역클레임을 강제적으로 해결하는 방법

뉴욕협약(New York Convention) 공식명칭은 United Nations Convention on the Recognition and Enforcement of Foreign Arbitral Awards(외국중재판정의 승인 및 집행에 관한 유엔협약)이며, 체약국 내의 중재판정의 결과는 외국에서도 강제집행이 가능하도록 규정해놓았음

비엔나협약(Vienna Convention) 공식명칭은 United Nations Convention on Contracts for the International Sales of Goods(CISG, 국제물품매매에 관한 유엔협약)이며, 모든 국제물품계약에 공통적으로 적용되는 기본법으로서 매도인과 매수인의 권리와 의무에 관한 규정을 담고 있음

선적서류

상업송장(Commercial Invoice) 물품명세서와 대금청구서의 용도로 수출자가 발행하는 서식으로서 물품의 명세, 수량, 단가 및 총금액을 표시

Description 물건의 명세

Quantity 물건의 양

Unit Price 물건의 단가

Amount 물건의 총액

포장명세서(Packing List) 물품의 포장명세, 무게, 부피 등을 표시한 포장내역서

Net Weight 물건의 순중량

Gross Weight 물건의 순중량에 포장용기의 중량을 합한 중량

Measurement 물건의 부피

CBM(Cubic Meter) 가로, 세로, 높이가 각각 1m일 때의 부피단위

선하증권(B/L, Bill of Lading) 해상운송계약에 따라 화물을 인수하고 증권에 기재된 조건에 따라 운송하며 지정된 목적항에서 증권의 정당한 소지인에게 화물을 인도할 것을 약정하는 유가증권

Original B/L 흔히 '오비엘'이라고 부르는 선하증권의 원본

Master B/L 선박회사에서 포워더에게 발행하는 B/L

House B/L Forwarder B/L이라고도 불리며 Master B/L을 근거로 포워더가 화주에게 발행하는 B/L

Third Party B/L B/L상의 선적인이 계약당사자가 아닌 제3자가 되는 것

Stale B/L 신용장에 명시된 제시시한이 경과한 B/L

항공화물운송장(AWB, Air Waybill) 화물을 인수하였음을 증명하고 동 화물을 항공으로 운송하여 운송장에 명시한 수하인에게 인도할 것을 약정하는 운송계약증서

해상화물운송장(SWB, Sea Waybill) 화물을 인수하였음을 증명하고

동 화물을 해상으로 운송하여 운송장에 명시한 수하인에게 인도할 것을 약정하는 운송계약증서

보험증권(Insurance Policy) 보험회사에서 발행하는 손해보장확인증서

원산지증명서(Certificate of Origin) 물품의 원산지를 확인하기 위해 수출국의 상공회의소나 관련 관공서에서 발급하는 증명서

검사증명서(Inspection Certificate) 수입자가 지정하는 검사기관에서 수출품 선적 전에 수출품의 품질이나 수량을 검사하고 이상이 없음을 확인해주는 증명서

포장

Individual Packing 개별물품에 대한 포장

Inner Packing 개별물품을 일정량씩 포장하는 중간포장

Export Packing 수출용포장

Export Carton Box 수출포장용 카톤박스

화인(Shipping Mark) 화물의 포장박스 표면에 수입자의 상호, 도착항, 아이템번호, 포장일련번호, 원산지 등을 표기하는 것

운송

컨테이너운송 화물을 컨테이너에 적재하여 운송하는 방식

벌크(Bulk)운송 광물이나 곡물 등과 같은 화물을 야적상태로 운송하는 방식

복합운송(Multimodal Transport) 하나의 운송계약에 의거 서로 다른 두 가지 이상의 운송수단을 사용하여 화물을 운반하는 것

복합운송주선업자(Forwarder) 운송과 관련된 모든 업무를 일괄해서 대행해주는 업체

수하인(Consignee) B/L상에 명시된 화물의 수취인

통지인(Notify Party) 선박회사에서 물건을 찾아가라고 연락해주는 대상

S/R(선복신청서) Shipping Request의 약자로서 선박회사에 화물을

선적할 공간을 요청하는 서류

S/O(선적지시서) Shipping Order의 약자로서 선박회사에서 화물을 선박에 적재하여 목적지까지 운송할 것을 선장에게 지시하는 서류

M/R(본선인수증) Mate's Receipt의 약자로서 일등항해사가 화물수령의 증거로 발행하는 서류

D/R(부두수취증) Dock Receipt의 약자로서 컨테이너 화물을 부두에서 수령했다는 증거로 발행하는 서류

Arrival Notice(화물도착통지서) 운송업체에서 선박의 도착스케줄을 화주에게 통보해주는 서류

D/O(화물인도지시서) Delivery Order의 약자로서 선주나 그 대리점이 본선의 선장에게 화물의 인도를 지시하는 서류

Clean B/L 선적지시서에 기재된 내용과 화물이 일치하고 포장에 이상이 없어 선하증권에 아무런 하자표시가 들어 있지 않은 무하자 선하증권

Unclean B/L 화물의 수량 및 성질 등에 하자가 있을 경우 선하증권에 하자표시를 한 하자선하증권

L/I(파손화물보상각서) Letter of Indemnity의 약자로서 하자물품을 선적할 경우에 Clean B/L을 받기 위해서 Shipper가 선박회사에 책임을 전가하지 않겠다고 서약하는 서류

L/G(수입화물선취보증서) Letter of Guarantee의 약자로서 수입자와 신용장개설은행이 연대하여 선박회사에 선하증권 원본이 도착하는 대로 이를 제출할 것과 선하증권 원본 없이 물건을 인도받는 데 따른 모든 문제에 대해 선박회사에게 책임을 지우지 않겠다고 보증하는 서류로서 인근국가 간의 신용장방식에서 서류보다 물건이 먼저 도착함으로써 수입자가 물건을 제때 인수할 수 없을 때 사용함

Surrendered B/L Original B/L의 발행을 포기하거나 이미 발행된 경우 이를 선박회사에 반납하는 것을 뜻하며, 인근국가 간의 거래에서 물건 도착 즉시 선하증권 사본을 제시하고 물건을 찾고자 할 때 사용함

Switch B/L 중계무역거래에서 중계무역업자가 제3국의 수출자로부터 받은 선하증권을 선박회사에 반납하고 새로운 선하증권을 발급받는 것을 뜻하며, 최종수입자에게 수출자가 노출되는 것을 방지하기 위해 선하증권에 명시된 선적인(shipper)을 바꾸기 위한 목적으로 사용함

FCL(Full Container Load) 단독으로 컨테이너를 채울 수 있는 화물

LCL(Less than Container Load) 단독으로 컨테이너를 채울 수 없어서

다른 화주의 화물과 함께 실어야 하는 소량화물

CT(Container Terminal) 컨테이너전용부두에 설치되어 있는 컨테이너 집결지를 뜻하며, 수출화물이 선적되기 전이나 수입화물이 하역되어 대기하는 장소임

CY(Container Yard) 컨테이너터미널 내에 위치한 컨테이너야적장으로서 수출 시 선박에 컨테이너를 싣기 전이나 수입 시 선박에서 내린 컨테이너를 모아두는 장소를 뜻함

CFS(Container Freight Station) 복수의 송화인으로부터 LCL 화물을 인수해서 컨테이너에 적재하는 작업을 하거나, 수입된 LCL 화물을 컨테이너에서 하역하는 작업을 하는 장소로서 컨테이너작업장이라고 부름

운송

ICD(Inland Container Depot) 내륙에 위치한 컨테이너기지로서 항구나 공항과 마찬가지로 컨테이너 화물처리를 위한 시설을 갖추고 수출입화물의 통관, 화물집하, 보관, 분류, 간이운송, 관세환급 등 종합물류터미널로서의 기능을 다하는 지역을 일컬음

Freight Prepaid 운송 전에 운임을 미리 결제하는 것

Freight Collect 운송이 완료된 후에 운임을 결제하는 것

선적통지(Shipping Notice) 수출자가 수입자에게 선적스케줄을 통보하는 것

ETD(Estimated Time of Departure) 예상출항일자

ETA(Estimated Time of Arrival) 예상도착일자

분할선적(Partial Shipment) 물건을 두 차례 이상 나누어 싣는 것

환적(Transshipment) 물건을 선적항에서 도착항까지 같은 선박으로 운송하지 않고 중간 기착지에서 다른 선박에 옮겨 싣는 것

BAF(Bunker Adjustment Factor) 선박의 주원료인 벙커유 가격변동에 따르는 손실을 보전하기 위해서 부과하는 유류할증료

EMS(Emergency Bunker Surcharge) 전쟁이나 분쟁, 산유국의 담합으로 유가가 폭등할 경우 긴급 부과하는 할증료

CAF(Currency Adjustment Factor) 운임표시 통화의 가치하락에 따른 손실을 보전하기 위해서 부과하는 통화할증료

THC(Terminal Handling Charge) 수출화물의 경우 CY에 입고된 시점부터 본선선측에 도착할 때까지, 수입화물의 경우 본선선측에서부터

CY에 입고될 때까지 화물의 이동에 따르는 화물처리비용

CCC(Container Clearing Charge) 컨테이너 청소비용

WFG(Wharfage) 항만운영업자가 부두사용료조로 부과하는 요금

DOC Charge(Document charge) 수출 시 B/L, 수입 시 D/O를 발급해줄 때 징수하는 서류발급비

DOC Fee(Document Fee) 포워더가 징수하는 서비스 비용

Storage Charge 화물이 입고돼서 출고될 때까지 보관료조로 터미널에서 화주에게 징수하는 비용

Demurrage Charge 컨테이너를 정해진 기간 내에 가져가지 않을 때 선박회사가 화주에게 부과하는 비용. Bulk cargo의 경우에는 정해진 기간 내에 선적이나 하역을 하지 못해서 선박의 출항이 지연되는 경우 선박회사에서 화주에게 부과하는 체선료를 뜻함

Detention Charge 컨테이너를 정해진 기간 내에 반납하지 않을 때 지연된 반납에 대한 피해보상 명목으로 선박회사에서 화주에게 부과하는 비용

Free Time 컨테이너를 가져가거나 반납할 때까지 별도의 비용을 부과하지 않고 허용해주는 기간

보험(Insurance)

적하보험 운송 중에 발생하는 물품의 분실이나 파손을 보상해주는 보험

Insurer 보험자 즉 보험회사

Insured 피보험자 즉 보험에 드는 자

Insured Amount 보험금액

Insured Premium 보험료

Insurance Policy 보험증권

전손(Total Loss) 물건의 전부가 멸실되거나 손상정도가 심해서 구조나 수리비가 보험에 든 금액보다 큰 경우

현실전손(Actual Total Loss) 물건이 현실적으로 존재할 수 없을 정도

로 심한 손상을 입거나 멸실된 경우

추정전손(Constructive Total Loss) 물건이 손실 또는 손상되어 수리비용, 보험금이 수리 후 화물의 가치를 초과하여 전손으로 추정될 정도의 손해를 입은 경우

분손(Partial Loss) 물건의 일부만이 손상된 경우

단독해손(Particular Average) 손해를 입은 구성원의 단독부담으로 돌아가는 손해

공동해손(General Average) 해상에서 위험에 처한 선박을 구하기 위해서 일부를 희생시킴으로써 발생한 손해를 공동으로 부담하는 것

무역보험 수출입거래에서 발생하는 다양한 위험 중에서 적하보험에서 커버되지 않는 위험으로 인한 손실을 보상해주는 보험

수출보험 수출거래에서 발생하는 다양한 위험 중에서 적하보험에서 커버되지 않는 위험으로 인한 손실을 보상해주는 보험

수입보험 수입거래에서 발생하는 다양한 위험 중에서 적하보험에서 커버되지 않는 위험으로 인한 손실을 보상해주는 보험

단기수출보험 결제기간이 2년 이내인 수출계약을 체결한 후 수출이 불가능하게 되거나 수출대금을 받을 수 없는 경우의 손실을 보상해주는 보험

중장기수출보험 결제기간이 2년을 초과하는 수출계약을 체결한 후 수출이 불가능하게 되거나 수출대금을 받을 수 없는 경우의 손실을 보상해주는 보험

환변동보험 수출입거래에서 발생하는 환율변동으로 인한 손실을 보상해주는 보험

통관(Customs Clearance)

통관(Customs Clearance) 무역관련법령에 의거 물품의 수입과 수출에 따른 각종 규제사항을 확인하고 관세를 부과하기 위한 세관의 통과절차

관세(Customs Duty) 수입물품에 대해 과세하는 세금

HS(Harmonized System) 무역서류와 통계자료의 통일성을 기하고자 관세협력이사회가 제정한 국제적인 통일상품분류체계

HSK(The Harmonized System of Korea) HS를 우리나라의 실정에 맞게 보완한 것으로서 수출입화물을 10자리의 숫자로 분류함

수출신고(Export Declaration) 외국에 수출하는 물건의 명세와 거래조건 등을 세관장에게 서면으로 신고하는 것

수입신고(Import Declaration) 외국으로부터 수입하는 물건의 명세와 거래조건 등을 세관장에게 서면으로 신고하는 것

수출신고필증 세관장이 수출자에게 수출이 허가되었음을 증명해주는 서류

수입신고필증 세관장이 수입자에게 수입이 허가되었음을 증명해주는 서류

보세제도 외국물품에 대한 관세의 징수를 일정기간 유보하는 제도

보세구역(Bonded Area) 수출신고를 마친 수출품이나 수입신고를 하기 전의 수입품을 보관하는 장소

보세창고(Bonded Warehouse) 외국물품 또는 통관을 하고자 하는 물품을 일시적으로 보관하기 위한 장소

보세운송(Bonded Transportation) 수출신고를 마친 수출품이나 수입신고를 하기 전의 수입품을 운송하는 것

관세환급 수입 시 징수한 관세를 특정한 요건에 해당하는 경우에 전부 또는 일부를 되돌려주는 것. 주로 수출품의 제조에 사용한 원재료를 수입할 때 납부한 관세를 되돌려주는 것을 일컬음

개별환급 수출품을 제조 또는 가공할 때 사용한 원재료를 수입할 때 납부한 관세 등의 세액을 사용한 원재료별로 확인하고 계산하여 환급금을 산출하는 방식

간이정액환급 수출품목별로 환급해줄 금액을 미리 정하여 간이정액환급률표를 작성해놓고 소요원재료별 납부세액을 일일이 계산하지 않고 간이정액환급률표에 기재된 환급금액을 그대로 환급해주는 방식

소요량증명서 무역금융이나 관세환급을 받기 위해서 수출품을 생산하는 데 필요한 원자재의 양을 확인하여 발급하는 증명서

분할증명서(분증) 외국에서 수입한 원료를 제조 또는 가공하지 않고 수입한 그대로 수출용원재료로 국내에서 공급하는 경우 해당 원료를 수입할 때 납부한 관세 등의 세액을 증명하는 서류

기초원재료 납세증명서(기납증) 외국에서 수입한 원재료를 가공한 중

간원재료를 국내에서 공급받아 수출품을 제조 또는 가공하는 경우 중간원재료의 국내공급업자가 원재료를 수입할 때 납부한 관세 및 내국세의 세액을 증명해주는 서류

평균세액증명서 수출용원재료를 HSK 10단위별로 통합함으로써 규격 확인을 생략하고 전체 물량의 단위당 평균세액을 산출하여 증명하는 서식으로서 개별환급절차를 간소하게 하기 위해서 고안된 제도임

통관

저는 무역이 처음인데요

초판 1쇄 인쇄 | 2020년 10월 22일
초판 1쇄 발행 | 2020년 10월 27일

지은이 | 이기찬(KeeChan Lee)
펴낸이 | 최점옥(JeomOg Choi)
펴낸곳 | 중앙경제평론사(Joongang Economy Publishing Co.)

대 표 | 김용주
책임편집 | 이상희
본문디자인 | 박근영

출력 | 한영문화사 종이 | 에이엔페이퍼 인쇄·제본 | 한영문화사

잘못된 책은 구입한 서점에서 교환해드립니다.
가격은 표지 뒷면에 있습니다.

ISBN 978-89-6054-262-4(03320)

등록 | 1991년 4월 10일 제2-1153호
주소 | ㊥ 04590 서울시 중구 다산로20길 5(신당4동 340-128) 중앙빌딩
전화 | (02)2253-4463(代) 팩스 | (02)2253-7988
홈페이지 | www.japub.co.kr 블로그 | http://blog.naver.com/japub
페이스북 | https://www.facebook.com/japub.co.kr 이메일 | japub@naver.com
♣ 중앙경제평론사는 중앙생활사 · 중앙에듀북스와 자매회사입니다.

※ 이 책은《당신도 무역을 할 수 있다》최신 개정증보판입니다.

※ 이 도서의 국립중앙도서관 출판시도서목록(CIP)은 서지정보유통지원시스템 홈페이지(http://seoji.nl.go.kr)와
국가자료공동목록시스템(http://www.nl.go.kr/kolisnet)에서 이용하실 수 있습니다.(CIP제어번호:CIP2020042532)